Tom Herzberg

SEKTENAUSSTIEG

MEIN WEG IN DIE FREIHEIT

Ein Hoffnungsschimmer für

Angehörige und Betroffene

Tom Herzberg

SEKTENAUSSTIEG

MEIN WEG IN DIE FREIHEIT

Ein Hoffnungsschimmer für
Angehörige und Betroffene

© 2025 Tom Herzberg

Verlag: BoD · Books on Demand GmbH, Überseering 33, 22297 Hamburg, bod@bod.de

Druck: Libri Plureos GmbH, Friedensallee 273, 22763 Hamburg

Lektorat, Korrektorat: Anna Liese

Coverdesign: Katarina X

ISBN: 978-3-7597-9536-6

An meine Frau, Familie und Freunde: Für

ihre unermüdliche Geduld,

ihre bedingungslose Liebe und ihren Glauben daran, dass

ich den Weg zurück

ins Licht finde

INHALTSVERZEICHNIS

Kapitel Eins

EINLEITUNG

Das könnte mir nie passieren! Ich würde doch sofort merken, wenn etwas nicht stimmt! Kommen Ihnen solche Gedanken bekannt vor? Es ist ein beruhigendes, aber trügerisches Gefühl, zu glauben, man sei vor Manipulation sicher. Doch die Wahrheit ist: Niemand ist vollständig davor geschützt. Sekten und andere manipulative Gemeinschaften treffen Menschen aus allen gesellschaftlichen Schichten und in jeder Lebenssituation. Unabhängig von Bildung, Alter oder persönlicher Stärke kann es jeden betreffen. Schätzungen zufolge sind weltweit Millionen von Menschen in solchen Gruppierungen involviert. In Deutschland spricht man vorsichtig von mehreren Tausend, obwohl genaue Zahlen nur schwer zu ermitteln sind. Das Ausmaß bleibt oft im Dunkeln, verborgen hinter vagen Vermutungen und unscheinbaren Strukturen.

Der Einstieg in eine Sekte verläuft selten spektakulär oder offensichtlich. Vielmehr gleicht er einem leisen, schleichenden Prozess, der zunächst harmlos und geradezu hoffnungsvoll anmutet. Vielleicht beginnt es mit einem unverbindlichen Treffen, einer Diskussionsrunde oder einem Seminar, bei dem man glaubt, auf Gleichgesinnte zu treffen. Man sucht Sinn, Orientierung, eine Gemeinschaft, die versteht, wofür man brennt oder was einen umtreibt. Genau dieses zutiefst menschliche Bedürfnis nutzen Sekten aus. Anfangs erscheinen sie einladend, offen und aufrichtig unterstützend. Erst allmählich, während man sich tiefer in das Beziehungsgeflecht verstrickt, verwandelt sich diese anfängliche Wärme in ein System aus subtiler Kontrolle, wachsenden Abhängigkeiten und unterschwelliger Angst.

Wer einmal in diesen Sog geraten ist, erkennt man oft selbst nicht mehr, wie sehr sich das eigene Denken und Fühlen verändert haben.Für Angehörige ist diese schrittweise Veränderung oft schwer zu begreifen. Meine Eltern und Freunde ahnten zwar, dass etwas nicht stimmte – mein Verhalten war verändert, ich zog mich zurück, wurde verschlossener und fremd. Doch ohne konkrete Anhaltspunkte blieben sie unsicher. Wie hätten sie wissen sollen, dass hinter diesen harmlos wirkenden Treffen eine strenge, kontrollierende Gemeinschaft steckte? Woran hätten sie festmachen können, dass die Menschen, die mir angeblich helfen und mich fördern wollten, in Wahrheit meinen Blick auf die Welt verengten? Wie sollten sie mir helfen, ohne greifbare Beweise zu haben?

Gerade diese Unsich- erheit, die Abwesenheit klarer Merkmale und offensichtlicher Zeichen, erschwert es Angehörigen, frühzeitig einzugreifen. Und während sie nach Erklärungen suchen, fühlen sie sich oft machtlos, isoliert und frustriert.

Für Angehörige ist diese schrittweise Veränderung oft schwer zu begreifen. Meine Eltern und Freunde ahnten zwar, dass etwas nicht stimmte – mein Verhalten hatte sich verändert, ich zog mich zurück, wurde verschlossener und fremder. Doch ohne konkrete Anhaltspunkte blieben sie unsicher. Wie hätten sie wissen sollen, dass hinter diesen harmlos wirkenden Treffen eine strenge, kontrollierende Gemeinschaft steckte? An welchen Anzeichen hätten sie erkennen können, dass die Menschen, die mir angeblich helfen und mich fördern wollten, in Wahrheit meinen Blick auf die Welt verengten? Wie sollten sie mir helfen, ohne greifbare Beweise zu haben? Gerade diese Unsicherheit, das Fehlen klarer Merkmale und offensichtlicher Zeichen erschwert es Angehörigen, frühzeitig einzugreifen. Und während sie nach Erklärungen suchen, fühlen sie sich oft machtlos, isoliert und frustriert.

Dabei war es gerade die kontinuierliche Liebe und Geduld meiner Familie, die mich am Ende auf den Weg zurück ins Licht begleitete. Meine Mutter sagte einst zu Freunden, während ich noch tief in der Gemeinschaft steckte: „Mein Sohn ist auf einer langen Reise, aber ich glaube fest daran, dass er zurückkehrt." Diese Worte trafen mich später tief, als ich begann, mich aus dem Geflecht der Manipulation zu lösen. Zwar hörte ich diese Zuversicht damals nicht bewusst, doch ihre Unerschütterlichkeit wirkte bis in die tiefsten Ecken meines Herzens nach. Der unerschütterliche Glaube an mich war wie ein stilles Leuchtfeuer, das selbst durch dichten Nebel hindurchscheinen konnte. Dieser Glaube trug entscheidend dazu bei, dass ich schließlich die Kraft fand, mich zu befreien.

Dieses Buch richtet sich an Sie – Eltern, Geschwister, Freunde & Partner –, die sich Sorgen um einen geliebten Menschen machen, der sich möglicherweise in den Fängen einer Sekte befindet. Ich verstehe, wie hilflos, verwirrt und vielleicht auch wütend Sie sich fühlen können. Möglicherweise fragen Sie sich, ob Sie etwas übersehen haben. Vielleicht empfinden Sie auch Schuldgefühle, weil Sie glauben, nicht rechtzeitig gewarnt oder eingeschritten zu sein. Lassen Sie mich Ihnen versichern: Sie tragen keine Schuld. Sekten agieren raffiniert. Sie nutzen Sehnsüchte, Ängste und Hoffnungen aus, um Menschen langsam, aber beharrlich in ihr System zu ziehen. Die manipulativen Strategien sind oft so geschickt und schrittweise aufgebaut, dass es für Außenstehende nahezu unmöglich ist, frühzeitig die richtigen Schlüsse zu ziehen.

Mein Anliegen ist es, Ihnen mit diesem Buch ein Verständnis dafür zu vermitteln, wie Manipulation und Einflussnahme in solchen Gruppen funktionieren. Ich möchte Sie dafür sensibilisieren, welche Dynamiken zwischen Mitgliedern und Anführern entstehen, auf welche psychologischen Prinzipien sie zurückgreifen und warum gewisse Warnsignale häufig erst im Rückblick erkennbar werden. Meine persönliche Geschichte dient dabei als roter Faden, aber sie ist nur der Ausgangspunkt. Ich werde Ihnen die verschiedenen Phasen zeigen, die ich durchlief: von der scheinbaren Harmlosigkeit der ersten Treffen über die immer enger werdenden Bindungen bis hin zu den Momenten tiefster Verzweiflung und Angst – und schließlich der schrittweise, mühsame Rückweg zu einem selbstbestimmten Leben.

Sie werden erkennen, wie wichtig Ihre Rolle als Begleiter und Stütze ist. Ein besseres Verständnis der inneren Abläufe und Mechanismen dieser Gemeinschaften ermöglicht es Ihnen, Ihrem Angehörigen mit mehr Einfühlungsvermögen zu begegnen. Sie lernen, behutsam nachzufragen, geduldig zuzuhören und Zeichen sensibel zu deuten, ohne zwanghaft beweisen zu müssen, dass „etwas nicht stimmt". Diese Sensibilität und Geduld können zu einer Brücke werden, über die Ihr geliebter Mensch eines Tages zurückkehren kann – zurück in eine Welt, in der Freiheit und Selbstbestimmung wieder möglich sind.

Dieses Buch ist kein wissenschaftlicher Fachratgeber, sondern ein persönlicher Erfahrungsbericht, ergänzt um konkrete Hinweise und Hintergründe. Meine Perspektive mag subjektiv erscheinen, doch sie ist durchlebt und spiegelt die Realität wider, in der sich viele Betroffene wiederfinden. Ich habe die dunklen Täler gesehen und zugleich erfahren, dass der Ausstieg möglich ist. Dies möchte ich mit Ihnen teilen: Hoffnung.

Denn wenn Sie verstehen, worin die Macht manipulativer Gruppierungen besteht, werden Sie besser erkennen, wie Sie dieser Macht etwas entgegensetzen können – mit Verständnis, Empathie und einer unerschütterlichen Zuversicht in die Fähigkeiten und den Wert Ihres geliebten Menschen.

Lassen Sie uns gemeinsam diese Reise antreten. Indem wir die Mechanismen der Manipulation durchschauen, Schuldzuweisungen in unterstützendes Verständnis verwandeln und uns selbst wieder stärken, schaffen wir Raum für Heilung und einen Neubeginn. Ihre Liebe, Ihr Vertrauen und Ihre Geduld können mächtige Verbündete sein – weit stärker als jede Form der Beeinflussung. Oft ist es am Ende die leise, aber beständige Hoffnung der Angehörigen, die das Seil aus dem Labyrinth herausführt. Und genau dieses Seil, das Sie in den Händen halten, kann Ihrem geliebten Menschen den Weg zurück ins Licht weisen.

Kapitel Zwei

DER ANFANG

2.1 PERSÖNLICHE HINTERGRÜNDE UND INNERE KRISEN

Als ich schließlich Maria begegnete, befand ich mich an einem Wendepunkt in meinem Leben, an dem innere Zerrissenheit und äußere Umbrüche aufeinandertrafen.

Ich war damals um die 30, hatte verschiedene berufliche Wege ausprobiert, ohne jemals ein echtes Gefühl von Erfüllung zu finden. Ein BWL-Fernstudium lief nebenher, doch auch das fühlte sich eher wie ein Provisorium an als wie ein richtungsweisender Schritt. Eigentlich war ich voller Ideen ins Erwachsenen- leben gestartet, hatte mir Heirat, Kinder, einen festen Freundeskreis und einen klaren Lebensplan erträumt. Doch nun standen meine Wünsche weit entfernt von meiner Realität. Ich fühlte mich orientierungslos, getrieben von einer ständigen Unruhe.

Diese innere Leere spiegelte sich in meinem familiären Umfeld wider. Nach einigen beruflichen Misserfolgen war ich notgedrungen in den elterlichen Betrieb zurückgekehrt. Ich hoffte, dort vorübergehend finanzielle Stabilität und einen geschützten Raum zum Nachdenken zu finden. Doch stattdessen traf ich auf ungelöste Nachfolgefragen, ein Unternehmen im Spannungsfeld zwischen traditioneller Führung und modernen Ansätzen, einen Vater, der an Altem festhielt, und mich selbst, der nach etwas Neuem suchte. Jede Dis- kussion über die Zukunft des Betriebs eskalierte zu einem Konflikt. Ein klares Ausweichquartier gab es nicht, denn in dieser familiär geprägten Konstellation war ich ständig involviert. Der Druck, die unausgesprochenen Hoffnungen und Erwartungen der Verwandtschaft ließen sich nicht einfach abschütteln. Was ursprünglich als bequemes Intermezzo gedacht war, entpuppte sich als emotionale Zerreißprobe.

Hinzu kam das Gefühl, in meiner eigenen Familie zum Außenseiter zu werden. Früher hatte ich mir von meinem Elternhaus einen sicheren Hafen erhofft. Jetzt erschien mir dieser Ort nur noch wie ein enges, stickiges Zimmer voller ungelöster Konflikte. Während meine Eltern und Geschwister eine unerschütterliche Einheit bildeten, fühlte ich mich zunehmend fehl am Platz. Aus dem einst vertrauten Miteinander waren zwei Lager entstanden: Sie – und ich. Diese innere wie äußere Distanz schmerzte. Ich, eigentlich ein Familienmensch, spürte, wie etwas zerbrach, wie meine Wurzeln den Halt verloren.

Beruflich befand ich mich ebenfalls im Niemandsland: Das Studium hatte jeglichen klaren Zweck verloren, und der elterliche Betrieb bot keine langfristige Perspektive. Ich fragte mich, wofür ich eigentlich kämpfte und warum ich mich durch eine Welt voller Halbheiten und Kompromisse schleppte. Meine Freundschaften blieben oberflächlich. Zwar hatte ich Bekannte, mit denen ich feierte oder belanglose Gespräche führte, doch echte Tiefe und Vertrautheit fehlten. Ich sehnte mich nach jemandem, mit dem ich über Sinnfragen, meine Ängste und Hoffnungen sprechen konnte.

In dieser gefühlten Sackgasse wuchs mein Interesse an spirituellen Praktiken – ein Versuch, das innere Vakuum zu füllen. Meditation, Yoga, Schwitzhütten, Power-Walks – ich probierte vieles aus, um wenigstens für einen Moment Erfüllung zu spüren. Zeitweise gab mir der Gedanke an eine universelle Energie Trost, doch es blieb bei flüchtigen Augenblicken. Mein einst kindlich-christlicher Glaube war einer vagen Esoterik gewichen, die mir zwar Hoffnung, aber keine echte Orientierung bot. Ich war empfänglich für neue Einflüsse, für Menschen, die mir Halt, Sinn oder Gemeinschaft versprachen. Rückblickend erkenne ich, dass dies ein gefährlicher Nährboden für Manipulation war. Wer in einer ähnlichen Lage Angehörige beobachtet, sollte achtsam sein: Eine solche Krise macht verletzlich und anfällig für Personen, die bereit sind, diese Lücken gezielt zu füllen.

2.2 WIE DER KONTAKT ZU MARIA ENTSTAND

In dieser labilen Phase lernte ich Lisa kennen. Wir trafen uns zufällig in einem belebten Club – eine jener Nächte, in denen man hofft, dem Alltag für ein paar Stunden zu entfliehen. Lisas humorvolle, offene Art zog mich sofort an. Wir tanzten, lachten und ich fühlte mich in ihrer Gegenwart sofort leichter. Aus sporadischen Begegnungen wurden Verabredungen, aus Dates eine Beziehung. Mit Lisa, die selbst tief in spirituelle Themen eingetaucht war, konnte ich über mehr als nur Alltagsbanalitäten sprechen. Sie sprach von innerem Wachstum, Ganzheit und einer Suche nach etwas Höherem. Das berührte mich und traf genau den Nerv meiner inneren Fraglosigkeit.

Schon bald sprach sie immer wieder von ihrer engen Freundin Maria. Maria, so erzählte Lisa, sei eine bemerkenswerte Frau – eine Mentorin mit einem tiefen Verständnis für menschliche Seelenzustände. Lisa beschrieb sie als weise und weitsichtig, als jemanden, der Menschen dabei half, ihr volles Potenzial zu entfalten. Zunächst dachte ich, dass Maria einfach eine Vertrauensperson für Lisa sei – schließlich hat jeder enge Freunde, die in schwierigen Zeiten Unterstützung bieten. Doch je mehr Lisa von Maria schwärmte, desto neugieriger wurde ich. Es schien, als hätte Maria Antworten auf die Fragen, die mich beschäftigten. Lisas Erzählungen waren so detailreich, dass Maria bereits ohne mein Wissen ein präzises Bild von mir zeichnen konnte: meine Unsicherheit, die Spannungen in meiner Familie, meine spirituelle Suche, meine Sehnsucht nach Zugehörigkeit.

Als Lisa vorschlug, Maria persönlich kennenzulernen, fühlte ich mich seltsam aufgeregt. Ich ahnte nicht, dass Maria bereits bestens über meine Schwächen informiert war. Heute verstehe ich, wie geschickt dieses Vorgehen war: Noch bevor ich Maria traf, war das Machtgefälle bereits etabliert. Sie wusste, wo meine wunden Punkte lagen, und konnte beim ersten Treffen gezielt darauf eingehen. Für Angehörige stellt dies ein Warnsignal dar: Wenn ein vermeintlich hilfsbereiter Mensch schon im Vorfeld umfassend über die Situation eines geliebten Menschen informiert ist, könnte dies zur strategischen Manipulation genutzt werden. Informationen, die zunächst harmlos erscheinen, können später dazu verwendet werden, Vertrauen zu gewinnen und emotionale Bindungen aufzubauen.

2.3 ERSTE BEGEGNUNG UND ANFÄNGLICHE FASZINATION

Ich erinnere mich lebhaft an unser erstes Treffen. Lisa und ich fuhren an einem Spätsommertag in die ländliche Umgebung, dorthin, wo Maria lebte. Das Haus stand auf einem Hügel, umgeben von Wäldern und Feldern. Die Atmosphäre war friedlich, beinahe entrückt. Schon beim Betreten des Wohnraums empfand ich eine seltsame Mischung aus Geborgenheit und Fremdheit. Maria öffnete uns die Tür und begrüßte mich mit einem Lächeln, als kenne sie mich schon lange. Ihre Stimme war warm, ihre Erscheinung charismatisch, ihre Art zuzuhören so aufmerksam, dass ich mich augenblicklich verstanden fühlte.

Maria schien genau die Fragen zu stellen, auf die ich bislang keine Antworten hatte. Sie berührte meine Ängste und Hoffnungen, sprach über spirituelle Ganzheit, ethische Werte und Verantwortung gegenüber Mensch, Tier und Umwelt. Sie verknüpfte spirituelle Ansichten mit gesundheitlichen und ökologischen Argumenten und malte Bilder einer harmonischeren Welt. Dabei klang nichts fordernd oder dogmatisch – im Gegenteil, sie vermittelte den Eindruck, mir lediglich bei der Selbstfindung helfen zu wollen. Rückblickend war es genau diese anfängliche Zurückhaltung, die ihre Manipulation so subtil machte. Ich glaubte, selbstbestimmt zu handeln, eigene Entscheidungen zu treffen, während sie längst die Richtung vorgab.

Ihre Ausstrahlung war hypnotisch. Sie kombinierte ein sympathisches Lächeln mit tiefer Empathie. Eine beiläufige Berührung an meinem Arm, ein offener Blick, ein gemeinsames, leises Lachen über eine humorvolle Anekdote – all das erzeugte eine vertrauliche Nähe. Ich fühlte mich von ihrer Präsenz regelrecht umarmt, als würde sie mich in einen geschützten Raum führen, in dem all meine Sorgen endlich einmal ernstgenommen würden. Besonders ihre Fähigkeit, scheinbar mühelos auf meine spirituellen Interessen einzugehen, beeindruckte mich. Sie erzählte von ihren Erfahrungen, ihrer Überzeugung, dass eine pflanzliche Ernährung nicht nur dem Planeten, sondern auch der Seele gut tue. Sie sprach von christlichen Werten, ohne sich an Dogmen zu binden, und ermutigte mich, meinen Glauben an eine universelle Energie mit tieferen spirituellen Einsichten zu verbinden.

Für mich waren diese Gespräche wie ein Erweckungsmoment: Endlich jemand, der meine fragmentierten Gedanken ordnete, der meine Unsicherheiten verstand und vermeintliche Wege aus dem Labyrinth aufzeigte. Doch gerade diese Leichtigkeit, mit der Maria Zugang zu meinem Innenleben fand, hätte mich wachsam machen sollen. Dass sie so passgenau meine Sehnsüchte ansprach, war kein Zufall, sondern Teil einer ausgeklügelten Strategie. Sie hatte Informationen, sie wusste, was mich bewegte. Ihr Charisma, gepaart mit ihren vorbereiteten Einsichten, war eine Falle, in die ich mit offenen Augen tappte.

Für Angehörige ist es wichtig, dieses Muster zu erkennen: Eine neue Bekanntschaft, die in

kürzester Zeit tiefes Vertrauen gewinnt, scheinbar in die innersten Gedanken Ihres Angehörigen blickt und ihm gleichzeitig das Gefühl von Sicherheit, Sinn und Zugehörigkeit vermittelt, kann ein Alarmsignal sein. Besonders in Krisenzeiten, wenn der Betroffene nach Halt und Orientierung sucht, stellt eine solche Person ein verlockendes Angebot dar. Sie füllt eine Leerstelle, von deren Existenz der Betroffene vielleicht noch nicht einmal wusste.

In meinereigenen Situation verbanden sich emotionale Krisen, familiäre Spannungen und eine innere Sinnsuche zu einem Nährboden, auf dem Marias Einfluss prächtig gedeihen konnte. Ich war dankbar, jemanden gefunden zu haben, der mir scheinbar ohne Urteil begegnete und mich verstand. Was ich damals nicht ahnte: Diese ersten positiven Eindrücke waren nur der Anfang eines Weges, an dessen Ende jahrelange Abhängigkeit, Manipulation und emotionale Ausbeutung standen.

Kapitel in Kürze

IM RÜCKBLICK BETRACHTET, STELLT DIESE PHASE MEINES LEBENS DEN IDEALEN ZEITPUNKT FÜR MARIAS EINFLUSS DAR. MEIN INNERER ZUSTAND – GEPRÄGT VON BERUFLICHER UNSICHERHEIT, FAMILIÄREM DRUCK UND SPIRITUELLER ORIENTIERUNGSLOSIGKEIT – MACHTE MICH BESONDERS EMPFÄNGLICH FÜR IHRE BOTSCHAFTEN. LISA HATTE, OHNE ES ZU BEABSICHTIGEN, ALS VERMITTLERIN FUNGIERT UND MARIA MIT WERTVOLLEN INFORMATIONEN VERSORGT, DIE SIE GEZIELT EINSETZTE, UM MICH IN IHR NETZ ZU ZIEHEN. DIE ERSTE BEGEGNUNG WIRKTE HARMLOS, JA FAST BEFREIEND. DOCH DIE ERSTEN WARNZEICHEN – DIE UNGEWÖHNLICH SCHNELLE VERTRAUTHEIT, DAS TIEFE EINFÜHLUNGSVERMÖGEN OHNE KLARE HINTERGRÜNDE UND DIE SUBTILE NUTZUNG MEINER SCHWÄCHEN – WAREN BEREITS ERKENNBAR.

WAS ANGEHÖRIGE TUN KÖNNEN

Für Angehörige können diese Erfahrungen ein wichtiger Hinweis sein, um potenzielle manipulative Einflüsse frühzeitig zu erkennen. Wenn ein geliebter Mensch plötzlich von einer neuen Bekanntschaft schwärmt, die überdurchschnittlich schnell Vertrauen aufbaut, vermeintlich perfekte Antworten liefert und tief emotionale Wunden scheinbar mühelos heilt, ist Vorsicht geboten. Hinter der anfangs so wertvollen Unterstützung könnte ein durchdachtes Kalkül stecken, bei dem persönliche Informationen strategisch genutzt werden, um schrittweise Kontrolle auszuüben.

Dieser Beginn – mein Anfang mit Maria – zeigt, wie leicht ein Mensch in einer instabilen Lebensphase von einer charismatischen Persönlichkeit eingefangen werden kann. Doch zu diesem Zeitpunkt erschien mir alles nur wie ein Geschenk des Schicksals: endlich Verständnis, Gemeinschaft und Sinn. Ich spürte nicht, wie fragil meine Selbstbestimmtheit bereits geworden war.

Kapitel Drei

ENTWICKLUNG DER SEKTE

3.1 PERSÖNLICHE EINZELSITZUNG - DER GRUNDSTEIN DER ABHÄNGIGKEIT

Als ich zum ersten Mal vor Marias Haus stand, war es ein warmer, sonniger Nachmittag. Der liebevoll gepflegte Garten, in dem Vögel zwitscherten und ein sanfter Wind durch die Blätter strich, umgab den kleinen Bungalow am Stadtrand. Bevor ich anklopfen konnte, öffnete Maria bereits die Tür und begrüßte mich mit einem warmen, offenen Lächeln. Ihre leuchtenden Augen und ihre beruhigende Stimme ließen mich augenblicklich willkommen fühlen – es war, als hätte sie mich bereits erwartet. In gewisser Weise hatte sie das wohl auch.

Der Praxisraum im Inneren war zugleich ihr Wohnzimmer: hell, mit weichen Polstermöbeln, sanftem Kerzenlicht und einem feinen Duft nach Lavendel und Sandelholz. An den Wänden hingen spirituelle Symbole, Kristalle schimmerten im Regal, kleine Statuen und Bilder mit mystischen Motiven schufen eine Atmosphäre, die Geborgenheit und eine Art sakraler Ruhe versprach. Hier lud sie mich ein, es mir gemütlich zu machen. „Fühl dich ganz wie zu Hause", sagte sie, und in ihrer Stimme lag etwas, das mich tief berührte.

Die erste Sitzung begann mit Atemübungen. Marias sanfte Worte führten mich in meinen Körper hinein, ließen mich Anspannungen loslassen, als wäre das Ausatmen ein Weg, Ballast abzuwerfen. Sie dirigierte mich durch eine geführte Meditation, bat mich, die Augen zu schließen und mich an Orte innerer Sicherheit zu begeben. Unter ihrer Anleitung tauchten alte Erinnerungen auf – sowohl schmerzliche als auch schöne. Tränen liefen über meine Wangen, doch Maria verurteilte mich nicht; sie kommentierte nichts. Sie ließ Raum und lud mich ein, auch härtere Emotionen zuzulassen. Ihr Mitgefühl war spürbar – als hätte sie in mir etwas erkannt, das ich selbst kaum wahrnehmen konnte.

Obwohl sie keine formelle Qualifikation erwähnte, keinen schriftlichen Vertrag anbot und auch die Zahlungsmodalitäten im Unklaren ließ, schien das zunächst nebensächlich. Es war eher eine stille Übereinkunft: Ich vertraute ihr, weil sie so überzeugend wirkte. Das Gefühl, endlich jemanden gefunden zu haben, der mich wirklich verstand, überwog jede Skepsis. Sie gab mir ein Tagebuch, in dem ich meine Gedanken notieren sollte, um später tiefer einzutauchen. Sie sprach von Heilung auf allen Ebenen – körperlich, geistig und seelisch – und von einem Einklang mit höheren Kräften. Ihr Selbstbewusstsein, ihre Ruhe und diese subtile Wärme, die sie verströmte, schufen eine emotionale Nähe, die mir nach langer Zeit des inneren Suchens wie Balsam erschien.

Diese Einzelsitzungen legten den Grundstein für ein Vertrauensverhältnis, das immer stärker wurde. Doch gleichzeitig fehlten klare Rahmenbedingungen: Es gab keine formellen Vereinbarungen, keinen Nachweis über ihre Qualifikationen und kein transparentes Honorar. Stattdessen entwickelte sich ein System, in dem ich mich zunehmend an sie band, weil sie die Rolle der weisen Helferin perfekt inszenierte. Heute weiß ich, wie entscheidend diese Phase war: Damals fühlte sie sich wie ein sicherer Anker an – in Wahrheit legte sie jedoch den Grundstein für meine Abhängigkeit.

Unterkapitel in Kürze

DIE ERSTEN PERSÖNLICHEN SITZUNGEN SCHUFEN VERTRAUEN UND EMOTIONALE NÄHE, GANZ OHNE FORMELLE REGELN. GENAU HIER KANN HÄUFIG EIN VERHÄNGNISVOLLES ABHÄNGIGKEITSVERHÄLTNIS ENTSTEHEN. ANGEHÖRIGE SOLLTEN WACHSAM SEIN, WENN RATGEBERINNEN KEINE KLARE BERUFLICHE GRUNDLAGE OFFENLEGEN UND SCHNELL PERSÖNLICHES VERTRAUEN EINFORDERN.

3.2 DIE SCHRITTWEISE VORARBEIT ZUR SEKTE - ÜBERNATÜRLICHE OFFENBARUNGEN

Nach einigen Treffen begann Maria, mir immer mehr von ihrer Welt zu erzählen. Es war, als würde sie einen Vorhang Stück für Stück lüften, um mir Geheimnisse zu offenbaren, die angeblich nur Auserwählte verstehen konnten. Anfangs waren es beiläufige Andeutungen: Sie erwähnte, dass sie mit Engeln sprechen könne, dass sie Dinge wahrnehme, die anderen verborgen blieben. Beim nächsten Treffen erzählte sie von Visionen, von Prophezeiungen, in denen sie angeblich zukünftige Ereignisse voraussehe. Schließlich sprach sie von Begegnungen mit Dämonen, von Luzifer selbst, der sie verfolge.

Diese Geschichten wirkten sowohl faszinierend als auch schockierend. Ihre Stimme wurde leiser, beinahe verschwörerisch, wenn sie von heiligen Botschaften sprach, die sie empfangen habe. Sie erzählte von ihrer Kindheit, in der sie schon ungewöhnliche Fähigkeiten verspürt hatte, von traumatischen Erfahrungen, die ihre Gabe vertieft, aber auch ihr Leben erschwert hätten. Ich empfand Mitleid und Bewunderung: Wie mutig war sie, so offen über ihre Leiden zu sprechen! Wie beeindruckend musste ihre spirituelle Kraft sein, um all dem standzuhalten!

Unterstützt wurde meine Glaubensbereitschaft von meiner damaligen Freundin, die ebenfalls fasziniert war und Marias außergewöhnliche Gaben bestätigte. Durch dieses Zusammenspiel wuchs in mir die Überzeugung, dass Maria tatsächlich Zugang zu verborgenen Wahrheiten hatte. Mein rationaler Zweifel wurde von meiner Sehnsucht nach tieferen Antworten erstickt. Die Autorität, die sie ausstrahlte, ihre ungewöhnlichen Behauptungen, die sanften Rituale und Anleitungen zur spirituellen Heilung – all das fügte sich in meinem Kopf zu einem Bild, in dem Maria eine herausgehobene, nahezu übernatürliche Rolle spielte.

Unterkapitel in Kürze

DURCH SCHRITTWEISE ENTHÜLLUNGEN UND ÜBERNATÜRLICHE FÄHIGKEITEN ERSCHUF MARIA EIN MYSTISCHES BILD VON SICH SELBST. ANGEHÖRIGE SOLLTEN AUFMERKSAM WERDEN, WENN GELIEBTE MENSCHEN PLÖTZLICH AN IMMER FANTASTISCHE SPIRITUELLE PHÄNOMENE GLAUBEN, DIE AN EINE CHARISMATISCHE FÜHRUNGSPERSON GEKNÜPFT SIND.

3.3 DIE SCHLEICHENDE GRÜNDUNG DER SEKTE - VON IDEOLOGIE ZUR KONTROLLE

Mit der Zeit steigerte Maria ihre Erzählungen ins Unermessliche. Sie behauptete, die Reinkarnation von Maria Magdalena zu sein und eine enge Vertraute von Jesus selbst. Sie erklärte, dass Gott und die Erzengel direkt zu ihr sprächen, während dunkle Mächte versuchten, sie zu behindern. Diese Behauptungen erhoben sie in eine Position ultimativer Autorität – sie stand geistig an der Spitze eines kosmischen Gefüges, in dem Licht und Dunkelheit um die Seelen der Menschen rangen.

Doch diese Ideologie war weit mehr als eine faszinierende Geschichte. Maria begann, daraus strenge Regeln und dogmatische Lehren abzuleiten. Reinheitsgebote und spezielle Gebete wurden eingeführt – Rituale, die vor allem ihrer eigenen Erhöhung dienten. Kritik an ihr galt als Beweis dunkler Einflüsse, während Zweifel zum Verrat erklärt wurden. Meine anfängliche Offenheit wandelte sich allmählich in einen devoten Gehorsam. Aus Angst, ihre Anerkennung zu verlieren, klammerte ich mich an die Rolle eines Anhängers dieser „heiligen Mission" – und stellte immer weniger Fragen.

Die Entwicklung dieser Sekte war keine plötzliche Offenbarung, sondern ein schleichender, subtiler Prozess. Schritt für Schritt trat mein kritischer Verstand zurück, während ihre Stimme zur einzigen Quelle der Wahrheit wurde. Schließlich fand ich mich gefangen in einem fein gesponnenen Netz von Glaubenssätzen, das Maria mit kunstvoller Behutsamkeit um uns gelegt hatte.

31

Unterkapitel in Kürze

DURCH IMMER DOGMATISCHERE LEHREN ETABLIERTE MARIA SICH ALS HÖCHSTE AUTORITÄT. ANGEHÖRIGE SOLLTEN SKEPTISCH WERDEN, WENN EINE PERSON SICH ALS VON GOTT AUSERWÄHLT DARSTELLT, KRITIK VERTEUFELT UND JEDE HINTERFRAGUNG ALS FREMDBESTIMMTES, BÖSARTIGES DENKEN BEZEICHNET.

3.4 VOM KLEINEN KREIS ZUR STRENG GEFÜHRTEN SEKTE - STRUKTUR, ALLTAG UND KONTROLLE

Was zunächst wie eine lockere, spirituelle Gemeinschaft wirkte, entwickelte sich allmählich zu einer streng organisierten Sekte mit klaren Hierarchien. Maria verteilte gezielt Rollen: Einige von uns wurden zu ihren engsten Vertrauten, Organisatoren und Helfern, während andere die alltäglichen Aufgaben übernehmen mussten – Kochen, Putzen, Besorgungen erledigen. Ich selbst war über einen langen Zeitraum ihr Fahrer, stets auf Abruf. Jede Tätigkeit, selbst die banalste, wurde als Teil eines höheren Plans dargestellt. Doch der ständige Druck, die pausenlose Verfügbarkeit und zahllose, oft sinnlose Recherchen raubten mir Zeit und Energie. Erfolge wurden ausschließlich Maria zugeschrieben, während jedes Scheitern auf uns lastete. Diese permanente Schuldzuweisung zermürbte uns nach und nach.

Gemeinsame Rituale und Gebete schweißten die Gruppe immer enger zusammen. Täglich sollten wir „Maria lieben" und unsere Hingabe in stundenlangen Gebeten bekennen. Sie behauptete, unsere negativen Gedanken und Zweifel spüren zu können. Ungehorsam wurde mit öffentlicher Kritik oder Strafen geahndet. In extremen Fällen – so absurd es auch klingt – wurden sogar physische Bestrafungen angedroht oder umgesetzt. Drohungen, Demütigungen und die lückenlose Überwachung von Handys und Messengern schufen ein Klima der Angst. Wir kontrollierten uns gegenseitig und meldeten vermeintliche Verfehlungen. Freundschaften und familiäre Bindungen wurden zerschnitten: Unsere „Ursprungsfamilien" galten als feindlich und von Luzifer beeinflusst, während Maria als unsere einzige Beschützerin verehrt wurde. In dieser Isolation und Abhängigkeit verloren wir zunehmend unser Gespür für Normalität.

Angehörige von Betroffenen erkennen diese Muster oft erst spät: die ständige Erreichbarkeit, die vollständige Unterordnung unter einen „Guru", das

Abschotten von der Außenwelt und das wachsende Misstrauen gegenüber Außenstehenden. Wenn solche Warnsignale sichtbar werden, ist höchste Wachsamkeit geboten.

Unterkapitel in Kürze

DIE GRUPPE WURDE ZU EINER SEKTE MIT STRENGEN REGELN, RUND-UM-DIE-UHR-ÜBERWACHUNG, ISOLIERENDEN RITUALEN UND ABSOLUTER KONTROLLE DURCH MARIA.

FÜR AUSSENSTEHENDE: ALARMZEICHEN SIND DIE TOTALE FREMDBESTIMMUNG, KONTAKTABBRUCH ZU ANGEHÖRIGEN UND DIE BEHAUPTUNG, NUR INNERHALB DER GRUPPE SEI SICHERHEIT ZU FINDEN.

3.5 PERSÖNLICHE VERÄNDERUNGEN, ERSTE ZWEIFEL - UND DIE SCHWIERIGKEIT DES AUSSTIEGS

Unter diesem Regime verlor ich meine Identität. Mein Humor, meine Spontaneität, meine früheren Hobbys – all das verblasste, während ich mich an ein Leben klammerte, das nur noch von Marias Anforderungen bestimmt war. Ich lebte in ständiger Angst vor dunklen Mächten, sah überall geheime Zeichen und interpretierte jedes ungewöhnliche Ereignis als spirituelles Omen. Depressive Verstimmungen, Schlaflosigkeit und körperliche Beschwerden wurden zum Alltag. Die Überzeugung, ohne Marias Schutz der bedrohlichen Welt da draußen nicht standhalten zu können, beherrschte mein Denken.

Leise Zweifel begannen irgendwann in mir zu keimen, doch sie waren von lähmender Angst umzingelt: Ein Ausstieg erschien unmöglich. Maria hatte uns wirtschaftlich abhängig gemacht, Schuldgefühle erzeugt und damit gedroht, dass wir außerhalb der Gruppe zugrunde gehen würden. Selbst wenn ich mich fragte, ob alles wahr sein konnte, schnürte mir die Angst die Kehle zu. Wie sollte man da noch eine Sekte verlassen, ohne ins Ungewisse zu stürzen? Zudem wurde jeder Gedanke an Flucht als Werk Luzifers dargestellt, der unsere Seele ins Verderben reißen wollte.

Für Angehörige ist es entscheidend, genau diese Verhaltensänderungen zu erkennen: Wenn ein geliebter Mensch stark verängstigt ist, alle früheren Beziehungen abbricht, finanzielle Mittel abgibt, jede Kritik abwehrt und sich vollständig einer charismatischen Führungsperson unterordnet, ist das ein klares Warnsignal. Ein Ausstieg erfordert oft behutsame Unterstützung von außen, da die Betroffenen ihrem eigenen Urteil nicht mehr vertrauen. Sie brauchen Verständnis, liebevolle Hilfsangebote und neutrale, sichere Räume, um wieder zu sich selbst zu finden.

Unterkapitel in Kürze

DIE SEKTE ZERSTÖRTE MEINE PERSÖNLICHKEIT, SCHNITT MICH VON FAMILIE UND FREUNDEN AB, SCHUF FINANZIELLE WIE EMOTIONALE ABHÄNGIGKEITEN. ZWEIFEL WURDEN ALS VERRAT ANGESEHEN, EIN AUSSTIEG SCHIEN UNDENKBAR.
ANGEHÖRIGE ERKENNEN SOLCHE VERHALTENSÄNDERUNGEN OFT AN EXTREMEN ÄNGSTEN, FINANZIELLER AUSBEUTUNG UND TOTALER ABSCHOTTUNG.

Kapitel in Kürze

DIESES KAPITEL ZEIGT AUF, WIE AUS ANFÄNGLICH HARMLOSEN UND SCHEINBAR WOHLTUENDEN EINZELSITZUNGEN EINE SEKTENARTIGE DYNAMIK ENTSTEHT. ZUNÄCHST TRITT NUR EINE PERSON AUF, DIE ALS WEISE RATGEBERIN AGIERT – OHNE FORMELLE GRUNDLAGE, ABER MIT GROSSEM EINFÜHLUNGSVERMÖGEN. ALLMÄHLICH KOMMEN OFFENBARUNGEN ÜBER ÜBERNATÜRLICHE FÄHIGKEITEN HINZU, DIE DAS VERTRAUEN IN DIESE FÜHRUNGSPERSON WEITER STÄRKEN. BALD FOLGEN STRENGERE REGELN, WACHSENDE KONTROLLE, ERZWUNGENE RITUALE UND SCHLIESSLICH DIE VÖLLIGE UNTERWERFUNG UNTER IHRE AUTORITÄT. DIE MITGLIEDER VERLIEREN NACH UND NACH IHRE FREIHEIT, IHRE IDENTITÄT UND IHRE SOZIALEN BINDUNGEN – BIS IHNEN DER AUSSTIEG UNVORSTELLBAR ERSCHEINT.

WAS ANGEHÖRIGE TUN KÖNNEN

Angehörige können helfen, indem sie Warnsignale frühzeitig erkennen:

Eine charismatische Person, die sich als auserwählt darstellt, Offenbarungen

verkündet, Kritik verurteilt, das Umfeld isoliert, finanzielle Abhängigkeiten

schafft und die Mitglieder psychisch unter Druck setzt. Ein rechtzeitiges

Erkennen kann verhindern, dass aus einem anfänglichen Ratgespräch

ein tiefgreifendes Gefüge von Manipulation und Ausbeutung wird. Es

erfordert behutsame, geduldige Unterstützung, um Betroffene aus diesen

Verstrickungen zu befreien, ihnen neue Perspektiven und Hilfe von außen zu

bieten – damit sie ihren Weg zurück zu Freiheit und Identität finden können.

Kapitel Vier

LEBEN IN DER SEKTE

4.1 ALLTAG UND ROUTINEN INNERHALB DER SEKTE

Strikte Morgenrituale und spirituelle Pflichten

Jeder Tag begann in der Sekte unter der strengen Regie von Marias Vorgaben. Schon beim Aufwachen spürte ich den Druck, ihre strikten Routinen einzuhalten. Es gab kein behutsames Hineingleiten in den Tag, keine eigene Musik, keine freien Gedanken.

Stattdessen setzte ich mich auf den Boden meines kleinen Zimmers, faltete die Hände und wiederholte immer wieder die von ihr vorgegebenen Mantras. Ein zentrales Gebet lautete: „Maria, ich liebe dich." Diese scheinbar einfache Phrase wiederholte ich an manchen Tagen zwanzig Minuten lang, an anderen über eine Stunde. Ziel war es, meinen Geist auf sie auszurichten, meine Zweifel zu ersticken und meine eigenen Wünsche zum Verstummen zu bringen.

Morgens hieß es auch, um „Wahrheit" zu bitten. Doch Wahrheit war hier kein offenes Konzept, sondern direkt mit Marias Lehren verknüpft.

Diese Routinen und Übungen sollten mich gefügig machen und die Überzeugung festigen, dass Maria – die ich für eine von Gott gesandte, vielleicht sogar eine moderne Maria Magdalena hielt – mein einziger Weg zur spirituellen Reinheit war. Ich verhielt mich so, als wäre sie tatsächlich die heilige Figur, für die sie sich ausgab. Ich glaubte, sie habe gottgegebene Aufgaben und helfe mir, zu einer höheren Erkenntnis zu gelangen. Jeder Zweifel, der in mir aufstieg, wurde unterdrückt. Ich hatte das Narrativ von Jesus, Maria Magdalena und einer göttlichen Mission so tief verinnerlicht, dass ich lieber mein eigenes Unbehagen ignorierte, als ihre Autorität in Frage zu stellen.

Gemeinschaftliche Treffen und ständige Erreichbarkeit

Gemeinsame Telefongebete fanden mehrfach pro Woche statt. Oft warteten wir stundenlang, um nur wenige Worte mit ihr zu sprechen. Diese Verzögerungen schürten in uns eine nervöse Erwartung. Persönliche Gespräche gab es kaum – alles drehte sich um ihre spirituellen Botschaften. Reflexionsrunden, die häufig drei bis vier Stunden dauerten, dienten dazu, unsere Fortschritte zu überprüfen und uns kontinuierlich an Marias Vorgaben anzupassen.

Gleichzeitig war ich stets erreichbar: Ob während meiner Arbeitszeit oder in seltenen freien Momenten – jede Nachricht von Maria hatte Vorrang. Es kam häufig vor, dass sie mich während der Arbeit kontaktierte, entweder weil ein Mitglied angeblich einen schweren Fehler begangen hatte oder weil sie neue „Erkenntnisse" über Luzifer oder ihre göttliche Mission teilen wollte. Jede Verzögerung bei meiner Antwort wurde notiert. Warten ließ sie nicht gelten. Reagierte ich nicht schnell genug, warf sie mir vor, mich nicht um sie zu kümmern, ihr göttliches Wirken zu blockieren oder egoistische Gedanken zu hegen. So entstand ein ständiger Druck: Selbst in meinem Job, der nichts mit der Sekte zu tun hatte, diktierte Maria indirekt meinen Tagesablauf.

Dauerbeschäftigung durch Arbeitsaufgaben

Neben den spirituellen Pflichten hielt Maria uns ständig auf Trab: Einkaufen, Kochen, ihre Wohnung reinigen, Fahrdienste leisten – all das wurde zu Werkzeugen der Kontrolle. Selbst bei scheinbar unbedeutenden Dingen – wie der monatelangen Suche nach einer speziellen Matratze – verging die Zeit in endlosen Schleifen. Dieses System verhinderte, dass ich zur Ruhe kam oder kritisch reflektierte.

Spontane Sessions und emotionale Druckmittel

Neben den festgeplanten Ritualen setzte Maria auch ungeplante Treffen an. Ohne Vorwarnung musste ich oft alles stehen und liegen lassen. Sie beklagte sich über angebliche Angriffe von Luzifer oder wies auf Fehler einzelner Mitglieder hin. Solche Sitzungen zogen sich oft über Stunden und endeten in einer bedrückenden Atmosphäre von Schuld und Scham. Dadurch lebten wir in ständiger Alarmbereitschaft. Die Folge: Eigenständige Pläne oder gar Freiräume gab es nicht mehr.

Eingeschränkte Freizeit und totale Kontrolle der persönlichen Zeit

Freizeit im eigentlichen Sinn gab es kaum. Wenn sich einmal ein Zeitfenster auftat, sollte ich mich „spirituell weiterentwickeln". Jede vermeintlich unproduktive Nutzung dieser Zeit wurde kritisiert. Ich war innerlich so gefangen, dass ich meine wahre Freiheit nicht mehr erkannte. Selbst in Momenten, in denen ich allein war, kreisten meine Gedanken um Marias Erwartungen. Die ständige Angst vor Vorwürfen, wenn ich nicht sofort antwortete oder etwas scheinbar Unwichtiges versäumte, hielt mich in permanenter Anspannung.

Unterkapitel in Kürze

DER ALLTAG BESTAND AUS EINEM STRIKTEN KREISLAUF VON GEBETEN, PFLICHTEN UND SPONTANEN TREFFEN. ES BLIEB KEIN RAUM FÜR EIGENE GEDANKEN ODER INTERESSEN. FÜR ANGEHÖRIGE IST ES WICHTIG ZU WISSEN: WER KAUM NOCH FREIE ZEIT HAT, STÄNDIG AUFGABEN ERHÄLT UND SEINE GESAMTE TAGESSTRUKTUR VON EINER ANDEREN PERSON BESTIMMEN LÄSST, KÖNNTE BEREITS IN EINER MANIPULATIVEN ABHÄNGIGKEIT STEHEN. HINZU KOMMT, DASS MAN SELBST DANN, WENN MAN ARBEITET ODER SICH AUSSERHALB AUFHÄLT, PERMANENT DURCH NACHRICHTEN, ANRUFE UND VORWÜRFE KONTROLLIERT WIRD. DIESE STÄNDIGE ÜBERFORDERUNG IST EIN SCHLÜSSELFAKTOR DAFÜR, WARUM MAN SO LANGE IN DER GRUPPE BLEIBT – MAN KOMMT SCHLICHT NICHT ZUM NACHDENKEN ODER ZWEIFELN, WEIL MAN STÄNDIG ETWAS ERFÜLLEN MUSS.

4.2 HIERARCHIE UND MACHTSTRUKTUREN

Absolute Autorität der Führerin

Maria präsentierte sich als direkte Nachfolgerin göttlicher Kräfte, als eine Art wiedergeborene Maria Magdalena, die uns den Weg zu Gott zeigen sollte. Sie stand über allen Gesetzen und jeder Moral, und wir schuldeten ihr angeblich ewigen Dank. Jeder Zweifel an ihrer Autorität wurde als satanische Verwirrung dargestellt.

Klare Rangordnung und Kontrolle über Mitglieder

Ein enger Kreis von Anhängern stand ihr besonders nahe, während andere sich erst „bewähren" mussten. Dies schuf einen Wettbewerb, förderte Gehorsam und den Drang, ihren göttlichen Anforderungen gerecht zu werden. Ich war überzeugt von ihrer göttlichen Mission und dem sogenannten Heilzentrum – ein von ihr beschriebenes, jedoch niemals realisiertes Projekt, das einem Gesundheits- und Rettungsstützpunkt ähneln sollte. Über Jahre investierte ich in diese Idee und passte sogar meine beruflichen Pläne an, indem ich in den Rettungsdienst eintrat, um später an diesem Ort „Gutes tun" zu können. Das Zentrum sollte ein Ort sein, an dem kranke Menschen durch ihre göttliche Kraft Heilung finden. Doch letztlich blieb es ein Phantom – ein Versprechen, das mich und viele andere antrieb, ohne je Wirklichkeit zu werden.

Harte Disziplinarmaßnahmen

Abweichungen wurden mit Beschimpfungen, Gewalt oder dem Entzug materieller Güter bestraft. Persönliche Gegenstände wurden zerstört, um Unterwerfung zu erzwingen, und jede Form von Kritik wurde im Keim erstickt. Es war mir deutlich: Ungehorsam führte unweigerlich zu Schmerz. Jeglicher Versuch, ihr göttliches Mandat infrage zu stellen, war untrennbar mit der Angst vor physischen oder psychischen Konsequenzen verbunden.

Kontrolle der Kommunikation und Isolation

Gespräche mit Außenstehenden wurden überwacht, und Familie sowie Freunde galten als schädliche Einflüsse. Wenn ich ihnen kritisch von der Sekte berichtete, riskierte ich Strafen. Dies führte dazu, dass ich mich zunehmend isolierte und der Außenwelt immer weniger vertraute. Maria lenkte meine Aufmerksamkeit auf angebliche Beweise: Die Welt sei von Luzifer beherrscht, von satanistischen Geheimbünden kontrolliert, von Politikern, die Kinder missbrauchen, und von einer vollständig verdorbenen Gesellschaft. Diese düsteren Erzählungen erstickten mein Vertrauen in andere Menschen und schürten eine tief sitzende Angst vor der Welt.

Unterkapitel in Kürze

EINE STRENGE HIERARCHIE, AUTORITÄRE FÜHRUNG UND BRUTALE STRAFEN STELLTEN SICHER, DASS MARIAS AUTORITÄT NIEMALS INFRAGE GESTELLT WURDE. WER EINE ÄHNLICHE DYNAMIK BEOBACHTET – EINE PERSON, DIE SICH BLIND EINER EINZELNEN FIGUR UNTERORDNET, GEWALT AKZEPTIERT UND KEINE ALTERNATIVEN MEHR WAHRNIMMT – SOLLTE GEWARNT SEIN. GLEICHZEITIG WIRD VERSTÄNDLICH, WARUM EIN SEKTENMITGLIED OFT LANGE IM SYSTEM VERHARRT: DIE VORSTELLUNG, DIE VERMEINTLICH GÖTTLICH BESTIMMTE FÜHRUNGSPERSON ZU VERLIEREN – JENE, DIE DEN WEG ZU GOTT WEIST UND DIE SCHRECKEN DER AUSSENWELT FERNHÄLT – ERSCHEINT OFT SCHLIMMER ALS DAS AUSHARREN IN DER VERTRAUTEN STRUKTUR.

4.3 MANIPULATIONSTECHNIKEN

Emotionale Überwältigung (Love Bombing)

Neue Mitglieder wurden anfangs mit Lob und intensiver Aufmerksamkeit überschüttet, was eine starke Abhängigkeit schuf. Auch ich erhielt fortlaufend Nachrichten von Maria, in denen sie meine Entwicklung lobte und immer wieder betonte, wie wichtig ich für ihre göttliche Mission sei. Diese ständige Bestätigung stärkte zunächst mein Ego, doch später lähmte sie meine Fähigkeit, Kritik anzunehmen.

Soziale Isolation und Angsterzeugung

Familie und Freunde wurden als gefährliche Einflüsse dargestellt, von denen ich mich distanzieren sollte, um „spirituell zu wachsen". Maria behauptete, die Welt draußen werde von Luzifer regiert. Immer wieder sah ich Videos, die schreckliche Verbrechen, geheime Machenschaften, satanistische Zirkel, die Misshandlung von Kindern und verstörende Praktiken fremder Menschen zeigten. Diese unablässige Flut verstörender Inhalte hielt mich in einem Zustand ständiger Paranoia. Meine Angst vor der Außenwelt wuchs so sehr, dass ich zunehmend glaubte, nur Maria könne mich schützen. In dieser dauerhaften Bedrohungslage blieb kein Raum für Zweifel an ihr.

Gedankenkontrolle und mystische Überhöhungen

Kritisches Denken galt als negative Energie. Maria behauptete, hellseherische Fähigkeiten zu besitzen, göttliche Botschaften zu empfangen und in direkter Verbindung mit Gott zu stehen. Ich war überzeugt, dass sie Maria Magdalena sei und wisse, was Gott von mir verlangte. Mein Denken drehte sich ausschließlich um ihre Anweisungen. Externe Medien und Literatur wurden als Manipulation böser Mächte abgetan, was mein geistiges Universum zunehmend auf ihren Kosmos beschränkte.

Selektive Information und Verhaltenskontrolle

Nur Marias Wissen war maßgeblich. Alltagshandlungen wurden streng reglementiert – von der Ernährung bis zur Freizeitgestaltung. Ausflüge in die „normale" Welt erschienen gefährlich und bedrohlich. Meine Zeit widmete ich dem Aufnehmen ihrer Botschaften und dem Anschauen von Videos mit Schreckensszenarien, anstatt meine Situation kritisch zu hinterfragen. Statt die Missstände in der Sekte zu erkennen, war ich unaufhörlich damit beschäftigt, mich vor der vermeintlich bösen Außenwelt zu fürchten.

Unterkapitel in Kürze

DIE SEKTE BEDIENTE SICH VIELFÄLTIGER MANIPULATIONSTECHNIKEN. WER BEMERKT, DASS EIN ANGEHÖRIGER SICH NUR NOCH AUF EINE EINZIGE QUELLE DER „WAHRHEIT" STÜTZT, SICH ISOLIERT UND PANISCHE ANGST ENTWICKELT, SOLLTE WACHSAM SEIN. WARUM BLEIBT MAN DENNOCH SO LANGE? WEIL MAN GLAUBT, OHNE DIESE GEISTIGE FÜHRUNG SCHUTZLOS DEN DUNKLEN MÄCHTEN DRAUSSEN AUSGELIEFERT ZU SEIN. DER INNERE DRUCK, DIE ANGST UND DIE PARANOIA WACHSEN DERART, DASS DIE SCHEINBARE SICHERHEIT INNERHALB DER SEKTE TROTZ MISSHANDLUNGEN ALS DAS KLEINERE ÜBEL EMPFUNDEN WIRD.

4.4 VERÄNDERUNGEN IM VERHÄLTNIS ZU FAMILIE UND FREUNDEN

Abnahme des Kontakts und wachsende Konflikte

Durch die ständige Fokussierung auf Kindheitsverletzungen und die vermeintliche Schuld meiner Eltern an meinem Unwohlsein entstanden dauerhafte Spannungen. Ich zog mich von meiner Familie zurück, aus Scham, Angst oder weil ich glaubte, sie würden meinen Weg nicht verstehen. Meine Eltern standen fassungslos vor einer Mauer aus Vorwürfen, während ich immer im Hinterkopf hatte, dass Maria jeden meiner Schritte beurteilte und mich zur Rechenschaft ziehen würde.

Entfremdung und verzerrte Wahrnehmung

Die Außenwelt wurde als gefährlich und unwissend betrachtet. Ich war überzeugt, nur in der Sekte wahre Erkenntnis finden zu können. Freunde und Familie wurden als hinderlich angesehen. Auch aus beruflichen Gründen richtete ich mich nach Marias Vorgaben: Ich trat in den Rettungsdienst ein, um später im geplanten Gesundheitszentrum zu arbeiten – eine von Gott kommende Einrichtung, so behauptete sie. Alles, was außerhalb dieses Plans lag, erschien mir sinnlos und sogar bedrohlich.

Emotionale Isolation und Schuldgefühle

Ich vermied Treffen, schämte mich für meine Lebensumstände und fürchtete ihre Reaktionen. Maria überwachte jede Kommunikation und fragte nach, was ich erzählt hatte. Es war mir verboten, Kritik nach außen dringen zu lassen. Diese ständige Überwachung und das innere Schuldgefühl – dass ich ein schlechter Mensch sei, der Marias heilige Mission behindere – belasteten mich zunehmend.

Unterkapitel in Kürze

DIE SEKTE FÖRDERTE AKTIV DIE ISOLATION VON FAMILIE UND FREUNDEN. WENN ENGE BEZIEHUNGEN PLÖTZLICH ALS „GIFTIG" DARGESTELLT WERDEN, IST VORSICHT GEBOTEN. AUS DER PERSPEKTIVE EINES SEKTENMITGLIEDS BLEIBT MAN SO LANGE DABEI, WEIL MAN GLAUBT, DASS DER EIGENE ZWEIFEL ODER DIE KRITIK DER FAMILIE DIE GÖTTLICHE MISSION GEFÄHRDEN KÖNNTE. MAN HAT ANGST, OHNE DIE SEKTE VERLOREN ZU SEIN.

4.5 PERSÖNLICHE GEFÜHLE UND GEDANKEN WÄHREND DER SEKTENZEIT

Zweifel und unterschwellige Erkenntnisse

Es gab Momente, in denen mir Widersprüche auffielen: Warum erfüllten sich Marias Prophezeiungen nie? Warum wurde das versprochene Zentrum nie umgesetzt? Warum litt sie angeblich an unheilbaren Krankheiten, die angeblich durch meine „inneren Themen" verursacht wurden, ohne dass je eine klare Diagnose gestellt wurde? Doch ich hatte keinen Raum, diesen Zweifeln nachzugehen. Ständig beschäftigten mich Aufgaben, Angriffe, Drohungen und neue Horrorgeschichten über die böse Welt. Anstatt zu zweifeln, konzentrierte ich mich darauf, ihre Ansprüche zu erfüllen, um ihre göttliche Aufgabe nicht zu behindern.

Gefühl von Zugehörigkeit und Angst vor Strafe

Ich spürte auch Zugehörigkeit: Hier wurden meine spirituellen Fragen verstanden, ich erhielt Anerkennung und wurde für meine Fortschritte gelobt. Der Preis dafür war die Angst vor Strafen. Diese Mischung aus emotionaler Wärme und intensiver Einschüchterung hielt mich gefangen.

Emotionale Isolation und seltene Klarheitsmomente

Manchmal erkannte ich klar die Gewalt, die Unlogik, die Ausbeutung. Doch ich war allein. Die Außenwelt schien verseucht, und die Sekte war mein einziger Bezugspunkt. Wer würde mir helfen, wenn ich hier gehe, wo alles gefährlich ist, wie Maria sagte? Die verzerrte Wahrnehmung und die Angst hielten mich in Schach.

Unterkapitel in Kürze

INNERLICH WAR ICH ZERRISSEN ZWISCHEN ZWEIFEL, HOFFNUNG, ZUGEHÖRIGKEITSGEFÜHL UND ANGST. DIESE INNERE ZERRISSENHEIT WAR ENTSCHEIDEND: MAN BLEIBT IN DER SEKTE, WEIL MAN GLAUBT, AUSSERHALB NICHT LEBENSFÄHIG ZU SEIN. DRINNEN LEIDET MAN ZWAR, HAT JEDOCH ZUMINDEST DAS GEFÜHL, EINEM GÖTTLICHEN PLAN ZU DIENEN.

ZUSÄTZLICHE VERTIEFUNG UND TAGESABLAUF: WARUM BLEIBT MAN SO LANGE IN EINER SEKTE

Um noch deutlicher zu machen, warum ich so lange in der Sekte verharrte, ist es wichtig, die psychologische Dynamik zu verstehen. In einer solchen Gruppe herrscht ein ständiger Ausnahmezustand – kein Tag und keine Stunde vergehen, ohne dass Marias Kontrolle und ihre Lehre allgegenwärtig sind.

Ständige Überforderung und Ungewissheit

Durch endlose Aufgaben, plötzliche Anrufe während meiner Arbeit, auf die ich sofort reagieren musste, und die lückenlose Überwachung meiner Zeit befand ich mich in einem Zustand permanenten Stresses. Es blieb mir nie die Gelegenheit, innezuhalten, nachzudenken oder meine Situation kritisch zu hinterfragen. Ständig gab es etwas „Dringendes" – ein Drama, einen vermeintlichen Verrat oder eine neue göttliche Erkenntnis, die meine sofortige Aufmerksamkeit erforderte.

Tiefe Glaubensverankerung

Ich war überzeugt, dass Maria von Gott gesandt war – vielleicht die wiedergeborene Maria Magdalena. Dieses Narrativ durchdrang mein gesamtes Denken und lieferte mir Erklärungen für ihre Macht, ihre Launen und ihre Forderungen. Zweifel an ihr schienen gleichbedeutend mit Zweifeln an Gott selbst. Mich von ihr zu lösen hätte bedeutet, mein gesamtes Weltbild ins Wanken zu bringen.

Sinnstiftung durch eine angebliche Lebensaufgabe

Maria hatte mir vermittelt, dass ich Teil ihres göttlichen Plans sein und daran mitarbeiten sollte. Das geplante Zentrum – ein Ort für spirituelle und „gesundheitliche" Betreuung, der jedoch nie konkret Gestalt annahm – wurde zu meiner Bestimmung. Beruf, Entscheidungen und Lebenszeit betrachtete ich fortan nur noch unter dem Aspekt, Marias göttlicher Mission zu dienen. Dadurch verwandelte sich jeder Zweifel an ihr in einen Zweifel am eigenen Lebenssinn.

Manipulation durch Angst vor der Außenwelt

Indem Maria mir unzählige Videos und Berichte über Missbrauch, satanistische Gruppen, politische Geheimbünde, perverse Praktiken und moralische Abgründe zeigte, zerstörte sie mein Vertrauen in die normale Welt. Paranoia ergriff mich – ich traute niemandem mehr und sah überall luziferische Einflüsse. Dieser unaufhörliche psychische Beschuss machte mich so misstrauisch, dass mir die Sekte trotz ihrer Härte wie ein sicherer Hafen erschien.

Fehlender externer Halt

Da ich den Kontakt zu meiner Familie und meinen Freunden verlor und keine vertrauenswürdigen Außenbeziehungen mehr hatte, wurde ich von der Sekte abhängig, um soziale Wärme zu erfahren. Obwohl diese Wärme oft manipulativ und an Bedingungen geknüpft war, erschien sie mir dennoch besser als die vermeintliche Kälte und Gefahr der Welt „draußen".

All diese Faktoren zusammen erklären, warum Menschen trotz offensichtlicher Missstände lange in einer Sekte verbleiben. Es handelt sich nicht einfach um Dummheit oder Unwissenheit, sondern um eine komplexe Mischung aus psychischem Druck, eingeflößter Angst, manipulativer Sinnstiftung, Identitätsverlust, ständiger Überforderung und emotionaler Abhängigkeit.

TAGSABLAUF

Zwischen digitalem Höhenflug und zerstörerischer Routine

08:00 - 09:00: Der Morgen als Startsignal der Isolation

In der kargen Wohnung beginnt der Tag fast mechanisch:

- 08:00 - 08:20:

  Über Kopfhörer hört das Mitglied die fest einstudierte Ansprache der Sektenführerin. Ihre Stimme verkündet: „Ich liebe dich – ich bin die Wahrheit!" Dabei wird das Mantra immer wieder wiederholt. Dieses Audio ist der einzige Anker in der sonst verlassenen Stille und richtet den Geist auf die absolute Autorität aus, obwohl der Kontakt rein digital ist.

- 08:20 - 08:30:

  Im dämmrigen Licht folgt ein persönliches Gebet an Gott: „Ich bin ein schlechter Mensch, bitte hilf mir!" Diese Worte sind nicht nur ein Eingeständnis, sondern auch ein Ritual, das den Tag mit einer tiefen Selbstverachtung einleitet.

- 08:30 - 09:00:

  Mithilfe einer geführten Meditation taucht das Mitglied in die von der Sektenführerin vorgegebene „Wahrheit" ein. Dabei wird der bedrückende Gedanke spürbar: Der Tag ist ein endloser Kreislauf sinnloser Aufgaben, in denen man von einer Verpflichtung zur nächsten gehetzt wird.

09:00 - 11:00: Digitale Selbstdisziplin und der endlose Auftragsfluss

Der Vormittag steht ganz im Zeichen der Organisation – und gleichzeitig der ständigen Selbstkritik:

- 09:00 – 10:00:

  Im reinen Text-Chat, der den einzigen Gruppen Kontakt darstellt, werden alle Tagesaufgaben koordiniert. Hier diskutieren die Mitglieder über die Probleme der anderen:

  Beispiel:

  „Hast du gesehen, dass Thomas wieder zu spät die Einkaufsliste abgegeben hat? Er schadet unserer Mission!"

  Dabei wird unaufhörlich verglichen, was „gut" und was „schlecht" ist – und jedes eigene Versagen rückt noch deutlicher ins grelle Licht.

- 10:00 – 11:00:

  Die heutigen Gerichte werden geplant. Das Mitglied erstellt eine Einkaufsliste für die Bio und zuckerfreien-Zutaten. Immer wieder flattern neue Nachrichten ein, die frische Abläufe oder kürzlich erlassene Entscheidungen der Sektenführerin ankündigen:

  Beispiel:

  „Neue Anweisung: Ab sofort nur noch vegane Fertigprodukte ohne Zuckerzusätze – wer da Fehler macht, gefährdet den Erfolg aller!"

  Der ständige Informationsfluss führt dazu, dass man gedanklich von einer sinnlosen Aufgabe zur nächsten hetzt – ohne jemals zur Ruhe zu kommen.

11:00 - 13:00: Der einzige Telefonanruf entfacht Euphorie & Demütigung
Manchmal ruft die Sektenführerin vormittags an, manchmal nicht – und
wenn sie es tut, ist es der Höhepunkt des Tages:

- 11:00 – 11:15:
  Sobald das Telefon klingelt, erlebt das Mitglied einen kurzen, intensiven
  Moment der Euphorie – der einzige direkte, menschliche Kontakt in
  einem ansonsten digitalen Tag.

- 11:15 – 12:45:
  Doch das Gespräch kippt schnell in eine erbarmungslose Demütigung:
  Die Sektenführerin konfrontiert das Mitglied mit Vor-
  würfen wie beispielsweise:
  „Du bist schuld an meiner Krankheit, du bist unfähig, dich
  selbst zu disziplinieren, und dein Versagen belastet mich
  jeden Tag!"
  **Rund 80 % der Gesprächszeit widmet sie diesen harten, persön-
  lichen Angriffen, die das Selbstwertgefühl zermürben. Sobald der
  Hörer aufgelegt wird, bleibt das Mitglied mit einem Gefühl der tiefen
  Leere und ständiger Selbstkritik zurück.**

- 12:45 – 13:00:
  Nach dem Telefonat kann das Mitglied das Gespräch reflektieren,
  Notizen erstellen und neue Einsichten sowie Offenbarungen in aller
  Klarheit festhalten.

13:00 - 16:00: Einkaufsfahrten

Der Nachmittag bringt kurze Ausbrüche aus der Wohnung, doch auch hier dominiert die digitale Kontrolle:

- **13:00 – 15:00:**
  Das Mitglied unternimmt mehrere Einkaufsfahrten in verschiedene Bio-Märkte. Unterwegs trifft es weiterhin auf digitale Nach
  richten, die an vergangene Versäumnisse erinnern – beispielsweise:
  > *Beispiel:*
  > "Wer sorglos einkauft, schwächt die Mission – kontrolliere jeden Artikel auf verborgenen Zucker und nimm jede Kleinigkeit ernst! Du willst doch ein besserer Mensch werden!"

  Die Kosten der Einkaufsfahrten trägt das Mitglied selbst, um seine Hingabe zu zeigen. An der Zieladresse wird kein Paket ein fach abgestellt: Erst wenn die Sektenführerin grünes Licht gibt, dürfen die Taschen an der Tür abgestellt werden. Ohne Erlaubnis bleibt das Mitglied im Auto, stets bereit, den Anweisungen unverzüglich zu folgen.

- **15:00 – 16:00:**
  Wieder in der Wohnung, während es allein in der Küche arbeitet, erhält es weitere Nachrichten mit neuen Anweisungen. Jeder Handgriff wird dabei zu einer Prüfung der eigenen Treue und Disziplin.

Falls keine Einkaufsfahrt stattfindet, kocht das Mitglied zwei Gerichte für die Sektenführerin und liefert diese aus

16:00 - 18:00: chaotische Chatdiskussionen

Der restliche Nachmittag ist geprägt von intensiven, fortlaufenden Chatdiskussionen in verschiedenen Gruppen:

Reflexionsgruppe

Hier wird intensiv über die Fehler anderer Mitglieder diskutiert – man wird ständig daran erinnert, dass man selbst nicht besser ist.

> *Beispiel:*
>
> „Maria hat heute wieder betont, dass du zu narzisstisch und faul bist – dein Verhalten schadet der ganzen Gruppe!"

Informationsgruppe

In dieser Gruppe werden aktuelle Entscheidungen der Führerin, neue Abläufe und organisatorische Änderungen verbreitet. Jeder neue Befehl reißt das Mitglied erneut aus dem Gedankenstrom und zwingt es, sich auf die nächste sinnlose Aufgabe zu konzentrieren.

Projektgruppe Möbelreinigung

In dieser streng kontrollierten Gruppe widmen sich Auserwählte akribisch der Säuberung von Sitzgelegenheiten. Jeder frische Putzlappen beweist ihre Ergebenheit, und kein Schmutz bleibt unerkannt.

Persönliche Entwicklungsgruppe

Hier beichten die Mitglieder täglich ihre Fortschritte und jede noch so kleine Verfehlung. Nichts entgeht der Führerin, sodass sie sich unablässig selbst kasteien. Im Streben nach vermeintlicher Perfektion bleiben sie im ewigen Kreislauf aus Geständnissen gefangen.

18:00 - 20:00: : Informationsflut und Arbeitsaufgaben

Der Abend bringt eine paradoxe Mischung aus digitaler Manipulation und weiteren Arbeitsaufgaben:

- 18:00 – 18:30:

  Weltinfogruppe

  Hier lesen die Mitglieder die neuesten Beiträge zu Verschwörungs theorien – über Flache Erde, Illuminaten und geheimnisvolle Mächte.

  > *Beispiel:*
  > „Die Welt ist ein Trugbild, kontrolliert von Luzifer! Die Illuminaten sind seine Untertanen – wer das nicht erkennt, wird in der Hölle schmoren!"

  Erfahrungsgruppe

  Eine separate Gruppe vermittelt düstere Berichte, in denen die Sektenführerin erzählt, wie extrem religiöse Menschen vorange-kommen sind und welche abartigen Fantasien und psychischen Ausbrüche bei anderen Mitgliedern zu beobachten seien. Diese Berichte wirken zutiefst deprimierend und lassen den Leser die Isolation noch stärker spüren

- 18:30 – 20:00:

  Spezifische Arbeitsaufgaben

  Jedes Mitglied erledigt weitere Arbeitsaufgaben wie: Internet-recherchen, weitere Besorgungen in der Stadt oder das Putzen der Sektenwohnung bei Erlaubnis der Sektenführerin

20:00 - 22:00: destruktive Freizeitgestaltung und Demütigung

In dieser Zeit soll das Mitglied „entspannen", doch die digitale Welt gibt keine Ruhe:

- 20:00 – 21:00:
  Ein weiteres ritualisiertes Kochen wird absolviert – allein in der Küche, begleitet von digitalen Erinnerungen an das eigene Versagen.

- 21:00 – 22:00:
  Der Abend kulminiert in einer besonders zerstörerischen Chat gruppe die jeder täglich lesen muss:
  Demütigungsgruppe
  Hier schreibt die Sektenführerin selbst unmissverständlich, wie narzisstisch, geldgierig, machtbesessen, neidisch und hochmütig alle Mitglieder seien.
  > *Beispiel:*
  > „Ihr alle seid Versager – euer Ego, eure Gier und euer Hochmut zerstören mich jeden Tag. Nur wer sich selbst diszipliniert, kann vielleicht jemals etwas erreichen! Ihr seid das Letzte!"

  Diese Nachrichten zermürben das Selbstbild des Mitglieds und lassen keinen Raum für positive Gedanken.

22:00 - 24:00: Abendritual

Der finale Ritus führt von Selbstanklage zu scheinbarer Gnade

- 22:00 – 23:00:

  Selbstreflexion über eigene Schwächen

  In dieser Stunde muss sich das Mitglied einem festgelegten persönlichen Makel widmen – sei es die angebliche Geldgier, narzisstische Neigung oder Undankbarkeit gegenüber der Sektenführerin Maria. Laut Ritual soll es schriftlich festhalten, warum es diese Eigenschaft entwickelt hat und wie sie der Mission und der Führerin schadet. Jede Minute kreist um die Frage, wie tief die eigenen Fehler wirklich gehen.

- 23:00 – 23:30:

  Liebesbekundung an die Sektenführerin

  Anschließend versenkt sich das Mitglied in sein Herz, um die tiefe Zuneigung und Ergebenheit gegenüber Maria zu spüren. In dieser halben Stunde dreht sich jeder Gedanke um das Mantra: „Sie ist meine Rettung – ich bin nichts ohne sie." Ein Moment scheinbarer Hingabe, der jedoch das eigene Selbst weiter aushöhlt.

- 23:30 – 24:00:

  Bibellektüre und abschließendes Gebet

  Die einzig zugelassene Lektüre – die Bibel – wird jetzt studiert. Das Mitglied liest andächtig ausgewählte Passagen, auf die Maria vorher hingewiesen hat. Gleich darauf folgt ein letztes Gebet an Gott, in dem es um Vergebung und innere Reinigung bittet. Erst nach dieser finalen Bekundung der Demut darf das Mitglied endlich schlafen gehen.

Kapitel in Kürze

DAS LEBEN IN DER SEKTE FOLGTE EINEM STRENG DURCHSTRUKTURIERTEN SYSTEM: RITUALE, EINE RIGIDE HIERARCHIE, PSYCHISCHE UND PHYSISCHE GEWALT, EMOTIONALE MANIPULATION, SCHLEICHENDE ISOLATION VON DER AUSSENWELT UND EINE STÄNDIGE VERSTRICKUNG IN ANGST UND VERSCHWÖRUNGSERZÄHLUNGEN BESTIMMTEN DEN ALLTAG. DIE TOTALE KONTROLLE ÜBER ZEIT, GEDANKEN, GEFÜHLE UND SOZIALE KONTAKTE FÜHRTE ZU EINER VOLLSTÄNDIGEN ABHÄNGIGKEIT VON DER SEKTENFÜHRERIN. TROTZ WACHSENDER INNERER ZWEIFEL BLIEB ICH LANGE, WEIL MEIN GESAMTES GLAUBENS- UND WERTESYSTEM, MEINE BERUFLICHE AUSRICHTUNG UND MEIN WELTBILD UNTRENNBAR MIT IHREN LEHREN VERBUNDEN WAREN. ICH FÜRCHTETE DIE BEDROHLICHE AUSSENWELT, GLAUBTE AN IHRE GÖTTLICHE MISSION UND HATTE SCHLICHT KEINEN INNEREN FREIRAUM, UM MICH KRITISCH ZU HINTERFRAGEN.

65

WAS ANGEHÖRIGE TUN KÖNNEN

Für Angehörige und Außenstehende bieten diese Schilderungen wertvolle Hinweise, um mögliche Warnsignale zu erkennen: zunehmende Isolation, starre Rituale, absolute Autoritätsansprüche, Angst vor Kritik, finanzielle Ausbeutung und das Gefühl, ohne die Gruppe nicht existieren zu können, sind klare Alarmzeichen. Wer solche Muster wahrnimmt, sollte sensibel reagieren, das Gespräch suchen und bei Bedarf professionelle Hilfe in Anspruch nehmen. Nur durch Verständnis, Geduld und Einfühlungsvermögen lässt sich einem Betroffenen helfen, aus dieser seelischen Gefangenschaft zu entkommen.

Kapitel Fünf

LIEBE ALS RETTUNGSANKER

5.1 KENNENLERNEN MEINER ZUKÜNFTIGEN EHEFRAU – NEUE VERBINDUNG STATT KONTROLLE

Während meiner Zeit in der Sekte lebte ich in einem ständigen Zustand emotionaler Enge und Angst. Zwischen strikten Vorgaben, spirituellen Regeln und dem Gefühl, nie wirklich zu genügen, schien meine Welt klein, grau und begrenzt. Doch dann, inmitten dieser Isolation, begegnete mir Valentina – eine selbstbewusste, unabhängige Frau, deren Ausstrahlung sich stark von der aller Menschen unterschied, die ich bis dahin gekannt hatte. Sie war engagiert, tatkräftig und souverän, vor allem aber frei. Ihr Wesen bildete einen klaren Kontrast zu den Sektenmitgliedern, die stets von misstrauischen Blicken und manipulativen Worten begleitet wurden.

Unsere erste Begegnung fand im Rettungsdienst statt, bei dem wir beide arbeiteten. Die Arbeit im Rettungswesen war für mich längst zur Routine geworden: Schichtdienst, Notrufe, Einsätze – jedoch ohne besondere menschliche Nähe. Mit Valentina änderte sich das. Während der langen 12-Stunden-Dienste hatten wir Zeit, uns kennenzulernen, persönliche Geschichten auszutauschen und sogar gemeinsam zu lachen. Statt des strengen Schweigens und der ständigen Belehrungen, wie ich sie in der Sekte kannte, erlebte ich endlich Leichtigkeit. Wo in der Sekte jede menschliche Regung streng bewertet wurde, fand ich in Valentinas Gegenwart eine natürliche Wärme.

Es ist jedoch wichtig, eines klarzustellen: Anders als es vielleicht den Anschein erwecken könnte, war es nicht so, dass ich einfach jemanden kennenlernte, mich verliebte und sofort die Sekte verließ. In meinem Fall dauerte es etwa 1,5 Jahre, bis ich tatsächlich den Ausstieg schaffte. Diese lange Zeit war von inneren Konflikten, Rückfällen in alte Muster und dem ständigen Hin- und Hergerissensein geprägt.

Von Anfang an versuchte die Sektenführerin, meine aufkeimende Beziehung zu Valentina zu kontrollieren. Sie behauptete, Gott habe ihr gesagt, dass Valentina nicht die richtige Frau für mich sei und dass die „richtige" erst noch kommen würde.

Zunächst dürfe ich Valentina jedoch als eine Art „Übergangsfreundin" genießen, wenn sie bestimmte Bedingungen erfülle. Dazu gehörte, dass Valentina all ihre früheren Beziehungswunden aufarbeiten und Tagebuch darüber führen sollte. Ich selbst müsse kontrollieren, dass sie Fortschritte mache – schließlich sei Valentina angeblich von „Luzifer gesteuert" und könnte sich nur durch diese Aufarbeitung von seinem negativen Einfluss befreien.

Diese absurde Forderung gab ich an Valentina weiter, ohne jedoch ihre wahre Herkunft aus der Sekte offenzulegen. Valentina durchschaute sofort, dass diese seltsamen Ansprüche nicht von mir selbst stammen konnten, sondern von jemandem, der im Hintergrund die Fäden zog. Zwar wusste sie nicht, dass Maria, die Sektenführerin, eine charismatische Anführerin einer Sekte war, doch sie erkannte, dass hier eine manipulative Kraft am Werk war. Aus Frust und Wut über diesen Druck zertrümmerte sie in Gegenwart von Freunden einen Mülleimer, um ihrem Ärger Luft zu machen, als ich nicht dabei war. Doch anstatt sich abzuwenden, spielte sie mit. Sie arbeitete ihre alten Beziehungserfahrungen auf und erfüllte die Forderung, um mir so mehr Luft zum Atmen zu verschaffen. Das bedeutete jedoch nicht, dass es Valentina immer gut ging. Sie musste viel einstecken und war oftmals enttäuscht, wenn ich plötzlich wieder davonrannte, weil die Sekte etwas von mir verlangte. Ich war innerlich zerrissen und konnte mich lange Zeit nicht zu 100 % für eine Seite entscheiden.

WAS ANGEHÖRIGE TUN KÖNNEN

Wenn Sie als Familienmitglied sehen, dass sich Ihr geliebter Mensch einem neuen, liebevollen Partner öffnet, bedeutet das nicht automatisch, dass sofort alles besser wird. Auch wenn von außen eine stärkende Beziehung hinzukommt, bleibt der Einfluss der Sekte weiterhin bestehen. Der Ausstieg kann ein langer, von Rückfällen geprägter Weg sein. Der neue Partner oder die neue Partnerin muss ebenfalls durchhalten und wird oft selbst Ziel von Manipulationen und Tests. Es ist ein zähes Ringen um die Freiheit, und nicht selten versucht die Sekte, diese neue Verbindung zu unterminieren.

5.2 WACHSENDES BEWUSSTSEIN UND SELBSTREFLEXION - VERGLEICH ÖFFNET DIE AUGEN

Durch die Zeit mit Valentina begann ich, Vergleiche anzustellen, die mir zuvor unmöglich erschienen. Valentina war nicht nur einfühlsam, sondern auch handfest engagiert: Sie arbeitete im Rettungsdienst, half aktiv anderen Menschen, jammerte nicht über ihre Belastungen und packte mutig an. Diese Tatkraft und praktische Nächstenliebe standen im radikalen Gegensatz zur Sekte, die stets von großer spiritueller Bedeutung sprach, aber kaum echte Hilfsbereitschaft zeigte. Während die Sektenführerin viele Worte machte und selten greifbare Ergebnisse vorweisen konnte, sah ich Valentina an der Front des täglichen Lebens: Sie handelte, statt nur zu predigen.

Dennoch war ich noch lange nicht frei. Immer wieder wurde ich zu Sekten-veranstaltungen gerufen, und dann ließ ich Valentina enttäuscht zurück, weil ich den Mut noch nicht fand, mich völlig von den Fäden der Sekte zu lösen. Diese Rückfälle belasteten uns beide. Valentina musste zusehen, wie ich wieder weglief, sobald die Sekte nach mir verlangte. Für sie war das schmerzhaft, und ich selbst fühlte mich zerrissen zwischen zwei Welten.

Trotzdem vertiefte sich mein Bewusstsein für die Absurdität der Sekte. Ich stellte mir immer mehr Fragen: Warum all diese strengen Essensregeln, diese Schuldzuweisungen, diese Angstmacherei? Warum sollte mein Leben von ständigen Rechtfertigungen und der Angst vor Strafen geprägt sein, wenn ich mit Valentina etwas so Schönes, Ehrliches, ja geradezu Befreiendes erlebte? Das Leben ist kurz, und ich erkannte zunehmend, dass es sinnlos war, es in ständiger Unterwerfung und Furcht zu vergeuden.

WAS ANGEHÖRIGE TUN KÖNNEN

Wenn eine Ihnen nahestehende Person hin- und hergerissen ist, bedeutet das nicht, dass Ihre Unterstützung wirkungslos ist. Die Erkenntnis, dass es Alternativen zur Sekte gibt, wächst oft nur langsam. Seien Sie geduldig. Auch wenn Rückfälle und Enttäuschungen vorkommen, bleiben Sie einfühlsam. Jeder Moment der Selbstreflexion stellt einen wichtigen Schritt dar.

5.3 REAKTIONEN DER FAMILIE UND FREUNDE – WIEDERANNÄHERUNG STATT ISOLATION

Mit meiner inneren Veränderung wandelten sich auch meine äußeren Beziehungen. Meine Familie bemerkte, dass ich nicht mehr so verschlossen war wie früher. Ich zeigte Interesse, lachte mit ihnen und besuchte sie häufiger. Durch den positiven Einfluss von Valentina keimte bei meiner Mutter neue Hoffnung auf – vielleicht könnte ich mich doch noch von der Sekte lösen?

Freunde und Kollegen nahmen wahr, dass ich lockerer und zugänglicher wurde. Trotz der Rückfälle und der Momente, in denen ich wieder in den Einflussbereich der Sekte gezogen wurde, gab es immer mehr Situationen, in denen ich zeigte: Da ist ein anderer Mensch in mir, jemand, der lachen, mitfühlen und eigenständig handeln kann. Auch Valentina, obwohl sie selbst litt und manchmal vor Wut zerbrach – wie an jenem Tag mit dem Mülleimer – blieb in meinem Leben präsent und unterstützte mich. Sie wusste, dass mein Verhalten nicht nur von mir selbst bestimmt wurde, sondern dass ich unter starkem fremdem Einfluss stand.

Die wiedererwachenden familiären Bindungen und die Akzeptanz durch Freunde gaben mir Kraft. Sie zeigten mir, dass da draußen ein soziales Netz existierte, das mich auffing, wenn ich fiel. Gleichzeitig wurde mir bewusst, wie sehr die Sekte versuchen würde, diese neuen alten Kontakte zu schwächen und meine Annäherung an die Familie zu verhindern. Je deutlicher es wurde, dass ich auf dem Weg der Veränderung war, desto stärker klammerte sich die Sekte an mich.

WAS ANGEHÖRIGE TUN KÖNNEN

Nutzen Sie positive Veränderungen, um behutsam Brücken zu bauen.

Überfordern Sie nicht mit Forderungen, sondern zeigen Sie Verständnis

und Zuversicht. Erkennen Sie an, wie schwer es ist, diesen inneren Kampf

auszutragen – auch für eine neue Partnerin, die im Hintergrund mit leidet

und aushalten muss, ohne sofortige Veränderungen erzwingen zu können.

5.4 SCHULTERBRUCH ALS WENDEPUNKT – KÖRPERLICHE VERLETZUNG ENTHÜLLT WAHRES GESICHT

Ein schicksalhafter Unfall brachte schließlich das wahre Gesicht der Sekte ans Licht. Bei einem gemeinsamen Skiausflug mit Valentina – sie wollte mir zu meinem Geburtstag etwas Besonderes schenken – stürzte ich schwer und brach mir die Schulter. Plötzlich war ich auf Hilfe angewiesen. Valentina zögerte nicht, stand mir bei und half mir beim Anziehen, Kochen und bei der Einnahme von Medikamenten. Sie war für mich da, obwohl ich sie in der Vergangenheit immer wieder enttäuscht hatte, indem ich zur Sekte zurückgekehrt war.

Die Sekte jedoch reagierte kühl und gleichgültig. Keine Genesungswünsche, kein Mitgefühl – stattdessen neue Forderungen und Vorwürfe. Es spielte keine Rolle, dass ich körperlich eingeschränkt war; ich sollte weiterhin meine „Pflichten" erfüllen. Dieser Mangel an Empathie verdeutlichte, wie wenig ich als Mensch dort zählte. Die Diskrepanz zwischen Valentinas echter Fürsorge und der gefühlskalten Reaktion der Sekte wurde deutlich spürbar.

Äußere Impulse verstärkten meinen inneren Wandel. Ein Satz in einem Seminar außerhalb der Sekte – „Jesus hat alle Schuld bereits beglichen" – widersprach den endlosen Schuldzuweisungen der Sektenführerin. Ein Therapeut fragte mich offen, ob ich in einer Sekte sei. Diese klaren Worte und die externe Perspektive ließen die mühsam errichtete Illusion endgültig bröckeln. Der Schulterbruch symbolisierte nicht nur meine körperliche Verletzung, sondern auch einen inneren Bruch, den ich nicht länger ignorieren konnte.

Es hatte 1,5 Jahre gedauert, von den ersten Begegnungen mit Valentina bis zu diesem Punkt, an dem ich endlich langsam erkannte, dass ich gehen musste.

Ihre Geduld, ihr Durchhaltevermögen und ihre Bereitschaft, selbst absurde Forderungen wie das Führen eines Tagebuchs über alte Beziehungen auf sich zu nehmen, um mir Raum zu geben, hatten mir letztlich geholfen, schrittweise aufzuwachen. Trotz ihrer eigenen Verletzungen und der seelischen Belastungen, die mit meiner Zerrissenheit einhergingen, hatte Valentina aus Liebe und Mitgefühl an meiner Seite ausgehalten.

WAS ANGEHÖRIGE TUN KÖNNEN

Diese Geschichte zeigt, dass selbst eine neue, positive Beziehung den Ausstieg aus einer Sekte nicht sofort bewirken kann. Der Prozess ist oft langwierig, schmerzhaft und von Rückschlägen begleitet. Die Sekte wird alles daran setzen, den neuen Einfluss zu untergraben. Doch jede geduldige und liebevolle Bezugsperson, die auch Enttäuschungen aushält, kann zu einem entscheidenden Rettungsanker werden.

Kapitel in Kürze

DIE BEGEGNUNG MIT VALENTINA ZEIGTE MIR, WIE ES SICH ANFÜHLT, WAHRHAFTIG GELIEBT, RESPEKTIERT UND UNTERSTÜTZT ZU WERDEN – OHNE BEDINGUNGEN UND OHNE LÜGEN. DOCH DIESER PROZESS WAR KEIN SCHNELLER ODER GRADLINIGER WEG AUS DER SEKTE. ES DAUERTE INSGESAMT 1,5 JAHRE, BIS ICH DEN MUT FAND, MICH WIRKLICH ZU LÖSEN. WÄHREND DIESER ZEIT WAR ICH INNERLICH ZERRISSEN UND KEHRTE IMMER WIEDER ZURÜCK, UM DEN WÜNSCHEN DER SEKTENFÜHRERIN NACHZUKOMMEN. VALENTINA MUSSTE VIEL AUSHALTEN: ENTTÄUSCHUNGEN ERTRAGEN UND ABSURDE PRÜFUNGEN BESTEHEN, DIE DIE SEKTE IHR INDIREKT AUFERLEGTE. SIE MUSSTE MITERLEBEN, WIE ICH IMMER WIEDER GING, WENN DIE SEKTE RIEF, DOCH SIE HIELT TROTZDEM DURCH.

FAMILIE UND FREUNDE NAHMEN MEINE NEUE OFFENHEIT DANKBAR AUF, ABER AUCH DIESE WIEDERANNÄHERUNGEN GINGEN NICHT VON HEUTE AUF MORGEN. DIE ERFAHRUNG DES SCHULTERBRUCHS, DER FEHLENDEN EMPATHIE SEITENS DER SEKTE UND DER BEDINGUNGSLOSEN UNTERSTÜTZUNG DURCH VALENTINA FÜHRTEN MIR DRASTISCH VOR AUGEN, DASS ICH MICH BEFREIEN MUSSTE. LIEBE WURDE ZUM RETTUNGSANKER, ABER DIESER ANKER MUSSTE GEGEN STARKE GEGENSTRÖMUNGEN BESTEHEN. ERST DIE MISCHUNG AUS EMOTIONALER NÄHE, KRITISCHEN AUSSENERFAHRUNGEN UND EIGENER REFLEXION ERMÖGLICHTE MIR DEN ENDGÜLTIGEN AUSSTIEG.

WAS ANGEHÖRIGE TUN KÖNNEN

Die Botschaft dieses Kapitels ist eindeutig: Eine neue, liebevolle Beziehung kann ein wichtiger Faktor auf dem Weg aus einer Sekte sein, doch sie garantiert keinen schnellen Erfolg. Die Sekte wird versuchen, diese Verbindung zu sabotieren, und Rückschläge sind wahrscheinlich. Als Angehörige sollten Sie geduldig bleiben, Unterstützung bieten und auf Verurteilungen verzichten. Erkennen Sie, dass der innere Kampf des Betroffenen komplex ist und auch der neue Partner oder die neue Partnerin viel ertragen muss, bevor ein Ausstieg gelingen kann. Gute Hilfe ist selten, aber Ausdauer, Verständnis und Mitgefühl können den Unterschied ausmachen.

Kapitel Sechs

DIE ERKENNTNIS

6.1 DER MOMENT DER KLARHEIT

Es war ein stiller, kühler Abend, an dem ich mit Valentina in ihrer Wohnung zusammensaß. Ihr Wohnzimmer war erfüllt von warmem Licht und einer Atmosphäre, in der ich mich zum ersten Mal seit langer Zeit sicher und gesehen fühlte. In den letzten Wochen hatten sich in mir Zweifel aufgestaut – kleine Risse im Gefüge meiner vermeintlich „spirituellen Gemeinschaft". Noch vor Kurzem hätte ich mich niemals getraut, diese Gedanken laut auszusprechen. Doch an diesem Abend war etwas anders: Vielleicht war es ihr verständnisvoller Blick, vielleicht die Erinnerungen an den letzten Videoanruf mit meiner Familie, die mich so tief bewegt hatten.

Meine Eltern hatten mir voller Sorge in die Augen gesehen, als wir über die Kamera verbunden waren. Sie hatten Tränen in den Augen, ihre Stimmen zitterten, und ihre Fragen waren so direkt, dass ich nicht länger ausweichen konnte. Zum ersten Mal seit vielen Jahren fühlte ich deutlich, dass mein „normales" Leben gar nicht normal war. All die Regeln, der Druck und die Ängste, die meinen Alltag in der Sekte bestimmten, erschienen mir plötzlich in einem neuen Licht. Noch bevor ich die Worte fand, wusste ich, was ich gleich sagen würde. Der Kloß in meinem Hals fühlte sich riesig an, mein Herz schlug rasend, und doch wusste ich: Ich musste es jetzt aussprechen.

„Bin ich in einer Sekte?" fragte ich mit leiser, beinahe brüchiger Stimme. Dieser Satz stand wie ein schweres Gewicht im Raum, und in der Stille danach schien alles zu kippen. Valentina sah mich unverwandt an, ihre Augen voller Verständnis und Erleichterung. Es war, als hätte sie darauf gewartet, dass ich diesen Schritt wagte. In ihrem Blick lag kein Urteil, nur tiefes Mitgefühl, und ein leises Lächeln huschte über ihre Lippen, als wolle sie sagen: „Endlich sprichst du es aus."

Mit diesen Worten öffnete ich eine Tür, die lange verschlossen gewesen war. Sofort trafen mich Wellen von Emotionen: Schock, Wut, Trauer, Erleichterung, Angst – alles zugleich. Ich erinnerte mich an Nachrichten, in denen Mitglieder der Gemeinschaft mich als „Knecht" bezeichneten, an Demütigungen, Drohungen und ständige Kontrolle. Nun gab es keinen Weg mehr zurück in die scheinbare Geborgenheit. Es war ein Wendepunkt, der mir zeigte, dass mein Leben, so wie ich es bisher geführt hatte, auf einer Lüge beruhte. Doch gleichzeitig keimte auch ein zartes Gefühl von Hoffnung auf: Endlich hatte ich mich aus meiner inneren Starre befreit.

6.2 DER MOMENT DER KLARHEIT

Die Erkenntnis, in einer Sekte zu leben, war nicht nur schmerzhaft, sondern auch beängstigend. Mir wurde klar, dass diese Gemeinschaft weit mehr war als harmlose spirituelle Übungen. Unter der Oberfläche lauerte ein Geflecht aus Kontrolle, emotionalem Missbrauch und potenzieller Gewalt. Seit Jahren hatte die Sektenführerin unseren Alltag bestimmt, uns manipuliert und mit Ängsten vor Dämonen, Luzifer oder finsteren Mächten in Schach gehalten. Diese imaginären Feinde waren so geschickt in unser Denken gepflanzt worden, dass wir uns selbst in alltäglichen Situationen bedroht fühlten.

Ich erinnerte mich an Mitglieder, die körperlich bestraft oder öffentlich gedemütigt wurden, wenn sie „Ungehorsam" zeigten. Es gab deutliche Andeutungen, dass ein Ausstieg Konsequenzen haben würde: Verleumdungen, Angriffe auf mein soziales Umfeld, vielleicht sogar physische Übergriffe. Die ständige Überwachung war allgegenwärtig. Meine Wohnung war nicht länger ein Rückzugsort; man benutzte meine Schlüssel, rückte Möbel um und hinterließ Spuren. Damit sollte ich wissen: „Wir sehen alles, wir kontrollieren dich."

Diese Realität war erschütternd, doch sie brachte auch Klarheit: Ich verstand nun, warum ich so lange gezögert hatte und warum ich mich so ausgelaugt fühlte. Alles diente der totalen Unterwerfung. Um mich aus dieser Gefahr zu befreien, musste ich den Einfluss realistisch einschätzen. Wenn ich verstand, wie weit er reichte, konnte ich die richtigen Maßnahmen ergreifen. Die Erkenntnis war hart, aber sie gab mir Handlungsoptionen. Ich würde mich nicht mehr einschüchtern lassen.

6.3 VORBEREITUNG AUF DEN AUSSTIEG

Nun, da ich mein Schicksal klar vor Augen hatte, war es an der Zeit zu handeln. Ein Ausstieg musste präzise geplant werden, um nicht angreifbar zu werden. Spontane Ausbrüche ohne Absicherung wären riskant gewesen. Also begann ich, Schritt für Schritt meine Befreiung vorzubereiten.

Zunächst suchte ich eine neue Wohnung. Ich war bereit, höhere Mieten zu zahlen, um in einer anderen Stadt, weit entfernt von den alten Strukturen, unterzutauchen. Jeder Tag zählte. Stundenlang surfte ich durch Immobilienportale, bis ich eine passende Unterkunft fand. Innerhalb weniger Tage hatte ich einen Mietvertrag unterschrieben – ein erster handfester Schritt Richtung Sicherheit. Das Gefühl, bald einen eigenen, unbelasteten Raum zu besitzen, gab mir Auftrieb.

Gleichzeitig nahm ich Kontakt zu einem Anwalt auf, der für mich die Kommunikation mit der Sektenführerin übernehmen sollte. Auf diese Weise wollte ich mich vor direkten Drohungen schützen. Seine Aufgabe war es, Unterlassungserklärungen zu verfassen, rechtliche Absicherungen zu schaffen und klare Grenzen zu setzen. Ich versuchte, meine digitale Spur zu minimieren, beantragte eine neue Handynummer und bereitete mich darauf vor, sämtliche Kontakte zu kappen.

Ein Anruf bei einer überregionalen Sektenhotline bestätigte, was mir längst klar war: Ich war Opfer einer hochmanipulativen Gruppe geworden. Die Berater dort hörten mir geduldig zu, empfahlen zügiges Handeln und machten mir klar, dass ich mir keine Vorwürfe machen sollte. Sie erklärten, dass ich nicht leichtgläubig gewesen sei, sondern über Jahre hinweg schrittweise konditioniert worden war. Dass ich nun handelte, sei ein großer, mutiger Schritt. Diese Worte gaben mir Halt – ebenso wie Valentina, die unermüdlich an meiner Seite stand, meine Ängste ernst nahm, mir gut zuredete und meine Zweifel milderte.

Gemeinsam entschieden wir uns für einen „Blitzumzug". An einem festgelegten Tag sollte alles schnell und effizient geschehen, unterstützt von Freunden und Kollegen. Innerhalb weniger Stunden wollte ich mein altes Leben hinter mir lassen. Ich bestellte Umzugskartons, mietete einen Transporter und gab Bekannten Bescheid, die spontan helfen würden. Gleichzeitig plante ich, beim Auszug alles formal über meinen Anwalt regeln zu lassen, um Konfrontationen zu vermeiden.

6.4 LETZTE TAGE IN DER SEKTE

Die letzten Tage fühlten sich an wie ein Balanceakt auf dünnem Eis. Um keinen Verdacht zu erregen, musste ich den Anschein wahren, dass alles wie immer war. Doch eine letzte Aufgabe in der Gemeinschaft stand bevor: ausgerechnet eine handwerkliche Tätigkeit, bei der ich mit einem anderen Mitglied gemeinsam Gartenmöbel abschleifen sollte. Mit meiner verletzten Schulter fiel mir die Arbeit schwer, aber aus Angst vor neugierigen Fragen spielte ich mit. Während er arbeitete und ich danebenstand, lag eine gespannte Stille zwischen uns. Seine Nervosität war deutlich spürbar, und ich bemerkte, wie sein Blick immer wieder zur Tür huschte – als wüsste er tief im Inneren, dass etwas nicht stimmte. Diese Begegnung öffnete mir die Augen: Nicht alle Mitglieder blieben aus freiem Willen. Vielleicht waren auch sie gefangen in einem Netz aus Angst und Schuld.

Parallel dazu liefen im Hintergrund meine Fluchtvorbereitungen auf Hochtouren:

Meine Familie

Ich informierte meine Familie offen über meine Entscheidung. Sie reagierten mit Tränen, aber auch mit einer ungeheuren Erleichterung. Sie versprachen mir ihre volle Unterstützung und boten an, mir in allem zu helfen, was nötig war. Diese bedingungslose Liebe war ein unermesslicher Trost.

Valentinas Eltern

Nachdem ich Valentinas Eltern von der Gefahr berichtet hatte, machten sie sich große Sorgen um ihre Tochter. Dennoch nahmen sie meine Situation ernst und unterstützten die Idee, die Polizei einzuschalten.

Die Polizei

Bei der Polizei hinterließ ich eine Aktennotiz, um im Ernstfall Beweise für meine Lage zu haben. Der Beamte riet mir dringend, alle Brücken abzubrechen: eine neue Adresse, eine neue Telefonnummer – untertauchen, bis die Gefahr vorüber sei.

Der Anwalt

Ein Treffen mit einem Anwalt sicherte die rechtliche Seite ab. Er erkannte in den gesammelten Beweisen – den Drohnachrichten, den abfälligen Bemerkungen und den finanziellen Forderungen – klare Ansatzpunkte für juristisches Vorgehen. Nach meinem Auszug würde er jeden Kontakt mit der Sektenführerin übernehmen und Drohungen abwehren, um ein erneutes Eindringen in mein Leben zu verhindern.

Kapitel in Kürze

DIE KLARE ERKENNTNIS, DASS ICH IN EINER SEKTE LEBTE, WAR EIN HEFTIGER WENDEPUNKT. SIE ZERSTÖRTE MEIN BISHERIGES WELTBILD, ERÖFFNETE MIR JEDOCH AUCH DIE MÖGLICHKEIT ZU EINEM SELBSTBESTIMMTEN LEBEN. DURCH DIE EMOTIONALE UNTERSTÜTZUNG MEINER FAMILIE UND VALENTINA, DIE ANALYSE DER TATSÄCHLICHEN GEFAHR UND DIE SORGFÄLTIGE VORBEREITUNG MEINES AUSSTIEGS GEWANN ICH ZUNEHMEND AN SICHERHEIT UND KLARHEIT. DIE PRAKTISCHE UMSETZUNG – VON DER WOHNUNGSSUCHE ÜBER DIE ANWALTLICHE ABSICHERUNG BIS HIN ZUM SCHNELLEN UMZUG – WURDE ZUM SYMBOL MEINES MUTES UND MEINER NEU GEWONNENEN FREIHEIT.

WAS ANGEHÖRIGE TUN KÖNNEN

Für Betroffene lautet die Botschaft klar: Einsicht ist der erste Schritt. Dieser mag schmerzhaft sein, kann jedoch den Beginn eines Weges markieren, der zu echter Unabhängigkeit, Sicherheit und Heilung führt. Darauf folgen konkrete Maßnahmen: professionelle Beratung in Anspruch nehmen, rechtliche Schritte einleiten und ein stabiles Umfeld schaffen, das Verständnis, Halt und Mitgefühl bietet. Wer diesen Weg beschreitet, hat die Möglichkeit, die Fesseln einer Sekte zu sprengen – hin zu einem Leben, in dem man seine eigene Stimme wiederfindet, Vertrauen in sich selbst schöpft und schließlich frei durchatmen kann.

Kapitel Sieben

DER AUSSTIEG

7.1 DER BLITZUMZUG –
PHYSISCHER AUSSTIEG UND GEMEINSCHAFTSGEIST

Der Morgen des Ausstiegs war gekommen – der Tag, an dem ich mir endlich meine Freiheit zurückerobern würde. Die Vorbereitungen dafür waren akribisch geplant. Bereits in den frühen Morgenstunden fuhr ich ein letztes Mal allein zu meiner alten Wohnung, um sicherzustellen, dass sich niemand aus der Sekte unbemerkt Zutritt verschafft hatte. Mein Herz klopfte heftig, als ich den Schlüssel ins Schloss steckte. Zu meiner Erleichterung war alles unverändert, doch die Anspannung blieb, denn ich wusste: Heute trenne ich mich endgültig von dieser Vergangenheit.

Kurz darauf trafen meine Helferinnen ein: enge Freundinnen, Kolleginnen, meine Familie und natürlich Valentina, die immer an meiner Seite stand. Sie brachten Lkw, Transporter und Tatkraft mit. Trotz der frühen Stunde herrschte eine merklich positive, beinahe festliche Stimmung. Es war, als hätten wir uns auf eine Mission begeben, bei der alle wussten, wie viel auf dem Spiel stand. Während im Radio Filmmusik von „Avengers" dröhnte, lachte Valentina. Der Rettungstrupp ist angekommen!"

Bevor es losging, bat ich alle ins Wohnzimmer. Die Räume wirkten chaotisch, vollgestellt mit Kisten und Möbeln, teilweise Eigentum der Sektenführerin. Die unangenehme Scham über diesen Zustand nagte an mir. Doch nun war der richtige Zeitpunkt, um die Wahrheit auszusprechen: „Ich war in einer Sekte, und heute ist der Tag, an dem ich aussteige." Ein kurzes Schweigen folgte, dann legte einer meiner Freunde die Hand auf meine Schulter und sagte mit fester Stimme: „Wir sind hier, um dir zu helfen." Kein Vorwurf, keine Frage – nur Unterstützung. Tränen stiegen mir in die Augen, als ich begriff, dass ich nicht allein war.

Die Energie des Teams war spürbar. Jeder wusste intuitiv, was zu tun war. Ein Teil sortierte Möbel und Besitzstücke, markierte, was mitkommen oder entsorgt werden sollte. Andere machten sich an die Demontage großer Möbel, wieder andere koordinierten den Abtransport. Da meine Schulter verletzt war, übernahm ich vor allem die Rolle des „Dirigenten", gab Anweisungen, klärte Zweifel und achtete darauf, dass alles planmäßig lief.

Es gab Momente, in denen ich über belastende Gegenstände stolperte – etwa ein riesiges XXL-Sofa, auf dem ich so viele schmerzhafte Erfahrungen gemacht hatte. Noch hatte ich an seinem materiellen Wert gehangen, doch meine Unterstützer zeigten Verständnis und ermutigten mich, darüber nachzudenken, was dieses Sofa symbolisierte. Valentina sagte sanft: „Ein Neuanfang bedeutet manchmal, sich von Dingen zu trennen, die schmerzhaft sind." Diese Worte trafen ins Schwarze. Ich beschloss, dieses und andere belastende Stücke zu entsorgen. Mit jedem Teil, das verschwand, fühlte es sich an, als würde ich auch ein Stück der Vergangenheit abschütteln. Diese symbolischen Handlungen waren kraftvoll: Es ging nicht nur um Kisten und Möbel, sondern um emotionale Lasten, die nun endlich weichen durften.

Um sicherzustellen, dass die Sektenmitglieder nicht mehr unkontrolliert in meine Wohnung gelangen konnten, wechselten wir die Schlösser an Türen und Kellerabteilen, entfernten mein Klingelschild und machten alles so, als wäre ich hier nie gewesen. Anschließend luden wir die Besitztümer der Sektenführerin in einen Transporter und stellten sie später vor deren Haustür ab. Beim Abladen wurde uns mulmig zumute, denn hinter dem Fenster sahen wir die Gestalt der Sektenführerin. Doch es gab keine Konfrontation. Wir kehrten rasch zu unserem Konvoi zurück, um Diskussionen oder Schlimmeres zu vermeiden.

Nachdem wir sämtliche Kontakte der Sekte auf meinen Handys und in sozialen Medien blockiert hatten, wurde mir klar: Zum ersten Mal seit langer Zeit war ich frei. Als wir an meiner neuen Wohnung ankamen, war alles bereits hergerichtet. Meine Helfer hatten Möbel und Kisten an Ort und Stelle gebracht. Die Räume wirkten hell, übersichtlich und friedlich. Die Erleichterung, die ich spürte, war wie ein warmer Schutzmantel um meine Seele. Diese Gemeinschaftsaktion symbolisierte einen Durchbruch – einen Neubeginn in einem wirklich freien Leben.

7.2 REAKTIONEN DER SEKTE – RECHTLICHE ABSICHERUNG UND KLARE GRENZEN

Kaum hatte ich den physischen Ausstieg vollzogen, begannen die erwarteten Reaktionen der Sekte. Sie versuchten, mich telefonisch, per Messenger und E-Mail zu erreichen, doch ihre Nachrichten versandeten, da ich sie blockiert hatte. Selbst meine Familie erhielt seltsame Anrufe mit dramatischen Geschichten und angeblich lebensbedrohlichen Situationen – alles durchsichtige Versuche, mich zur Rückkehr zu bewegen. Meine Eltern reagierten klar und bestimmt: „Bitte wenden Sie sich direkt an unseren Sohn. Das ist Belästigung." Nach wenigen solchen Konfrontationen gaben sie auf. Es war, als würden sie an einer unsichtbaren Wand kratzen, die ich aus rechtlichen Mitteln und persönlicher Entschlossenheit errichtet hatte.

Mein Anwalt war bereits vorab informiert, mit Unterlagen und Beweisen vorbereitet, falls die Sekte juristisch gegen mich vorgehen sollte. Tatsächlich schaltete die Sektenführerin einen Anwalt ein und erhob absurde Vorwürfe. Doch wir antworteten souverän, widerlegten die Anschuldigungen Punkt für Punkt und erwirkten Unterlassungserklärungen. Jede dieser Maßnahmen stärkte mein Gefühl von Sicherheit. Einschüchterungen prallten ab – meine klaren Grenzsetzungen wirkten. Schließlich sah sich die Sekte gezwungen, alle meine Forderungen zu akzeptieren und mich in Ruhe zu lassen.

Diese rechtliche Absicherung trug eine tiefgreifende symbolische Bedeutung: Sie zeigte mir und anderen Betroffenen, dass ein Ausstieg nicht zwangsläufig mit endlosen Nachspielen oder Bedrohungen verbunden ist. Mit professioneller Unterstützung, Geduld und klarer Kommunikation kann man sich schützen. Die Erfahrung, meine Rechte durchzusetzen, verlieh mir ein neues, starkes Selbstbewusstsein.

7.3 EMOTIONALE HERAUSFORDERUNGEN – HEILUNG UND INNERE BEFREIUNG

Nach meinem physischen Ausstieg begann der schwierigste Teil: die emotionale Aufarbeitung. Meine Zeit in der Sekte hatte tiefe Spuren hinterlassen, die nicht über Nacht verschwanden. In stillen Momenten überfielen mich Flashbacks von Gewalt, Demütigung und Hilflosigkeit. Jede unerwartete Bewegung auf der Straße ließ mein Herz schneller schlagen. Oft fragte ich mich: „Bin ich wirklich sicher? Oder könnte jederzeit jemand zurückkommen, um mich zu belästigen?"

Diese inneren Kämpfe waren quälend. Albträume rissen mich schweißgebadet aus dem Schlaf, und alltägliche Situationen erinnerten mich an frühere Misshandlungen. Doch anstatt davor davonzulaufen, entschied ich mich, mich der Herausforderung zu stellen. Dabei griff ich auf therapeutische Strategien zurück: Realitätschecks halfen mir, zwischen tatsächlicher Bedrohung und meinen Ängsten zu unterscheiden. Das Schreiben in meinem Tagebuch brachte Ordnung in meine Gefühle, und ich erlaubte mir, Traurigkeit und Wut offen zu fühlen. Diese Ehrlichkeit mit mir selbst war ein entscheidender Schritt auf dem Weg zur Heilung.

Mein soziales Umfeld spielte dabei eine zentrale Rolle. Valentina hörte mir geduldig zu, ohne zu verurteilen, wenn ich weinte oder wütend wurde. Meine Familie und Freundinnen boten mir Halt, indem sie mich ermutigten, über das Erlebte zu sprechen, aber mich nie drängten. Gemeinsam verbrachten wir Zeit mit Aktivitäten, die nichts mit der Vergangenheit zu tun hatten – Spaziergänge in der Natur, gemütliche Filmabende und entspannte Treffen mit alten Kolleginnen. So entstand ein neues Netz der Geborgenheit, das mir zeigte: Ich bin nicht allein.

Um meine Ängste aktiv zu bekämpfen, entdeckte ich neue Hobbys und fand im Sport ein Ventil für angestaute Energie. Beim Joggen oder Radfahren spürte ich Freiheit und Lebendigkeit. Meditation und Yoga halfen mir, mich auf die Gegenwart zu konzentrieren, statt in schmerzhaften Erinnerungen zu versinken. Die bewusste Entscheidung, mein Leben selbst zu gestalten, schenkte mir ein Gefühl der Befreiung. Nach und nach lernte ich, meine Vergangenheit anzunehmen, ohne dass sie mich definierte.

Schließlich erkannte ich, dass ich nicht mehr Opfer, sondern Überlebende war – eine Erkenntnis, die mir neues Selbstvertrauen schenkte.

Kapitel in Kürze

DER AUSSTIEG AUS EINER SEKTE BEDEUTET WEIT MEHR ALS DAS ÜBERSCHREITEN EINER PHYSISCHEN TÜRSCHWELLE. ER ERFORDERT SORGFÄLTIGE PLANUNG EINES „BLITZUMZUGS", RECHTLICHE ABSICHERUNG GEGEN HARTNÄCKIGE KONTAKTVERSUCHE UND VOR ALLEM EINEN LANGEN, OFT SCHMERZHAFTEN PROZESS DER EMOTIONALEN HEILUNG. DER MOMENT, IN DEM ICH MEIN ALTES SOFA ENTSORGTE, WURDE FÜR MICH ZUM SYMBOL DES LOSLASSENS. DIE PROFESSIONELLEN RECHTLICHEN SCHRITTE, DIE KONSEQUENTE ABGRENZUNG UND DIE BLOCKIERUNG SÄMTLICHER KONTAKTE ZUR SEKTE ZEIGTEN KLAR: EIN ENDGÜLTIGER SCHNITT IST MÖGLICH. FÜR ALLE, DIE EINEN ÄHNLICHEN WEG EINSCHLAGEN, IST GRÜNDLICHE VORBEREITUNG ESSENZIELL. RECHTLICHE UNTERSTÜTZUNG, EIN STABILES SOZIALES NETZWERK UND VERLÄSSLICHE BEGLEITER HELFEN, DEN PHYSISCHEN AUSSTIEG SICHER ZU GESTALTEN. DOCH DIE EMOTIONALE VERARBEITUNG BRAUCHT ZEIT UND RAUM. GEFÜHLE WIE ANGST, EINSAMKEIT ODER TRAUER SIND NORMALE BEGLEITER. GESPRÄCHE MIT THERAPEUTEN, DER AUSTAUSCH MIT VERTRAUENSPERSONEN, SPORTLICHE AKTIVITÄTEN ODER KREATIVE HOBBYS KÖNNEN HELFEN, NEUE LEBENSINHALTE ZU FINDEN UND SICH VON DEN KETTEN DER VERGANGENHEIT ZU BEFREIEN.

WAS ANGEHÖRIGE TUN KÖNNEN

Dieses Kapitel soll Angehörigen von Sektenmitgliedern Mut machen und gleichzeitig Einblicke in den Prozess des Ausstiegs geben. Der Weg heraus ist komplex und erfordert sowohl praktische Schritte als auch innere Stärke. Doch ein selbstbestimmtes, freies und erfülltes Leben nach der Sekte ist möglich. Genau diese Botschaft steht im Mittelpunkt: Wo einst Kontrolle und Angst herrschten, kann ein Raum für Freiheit, Heilung und Hoffnung entstehen.

Kapitel Acht

HEILUNG UND NEUANFANG

8.1 GESPRÄCHE ALS WEG ZUR VERARBEITUNG

Die Zeit nach meinem Ausstieg aus der Sekte war geprägt von einer intensiven Auseinandersetzung mit meinen Gefühlen, Erinnerungen und Wunden. Das offene Sprechen über die Ereignisse der Vergangenheit erwies sich als einer der wichtigsten Schritte auf meinem Weg zur Heilung. Doch zu Beginn fiel es mir schwer, die richtigen Worte zu finden und meine Emotionen zu ordnen. Ich war es so lange gewohnt, Zweifel, Ängste und Schuldgefühle zu unterdrücken, dass ich mich in meiner neu gewonnenen Freiheit oft in einem emotionalen Wirrwarr wiederfand.

Valentina war von Anfang an eine große Stütze. Stundenlang saßen wir zusammen – bei einer Tasse Tee oder während Spaziergängen im nahegelegenen Park. Ich erinnere mich an einen Abend, als ich ihr gestand: „Manchmal fühle ich mich noch immer gefangen, als würde ein unsichtbares Band mich zurückhalten." Sie nahm sanft meine Hand, sah mir tief in die Augen und sagte: „Du bist jetzt frei, und du darfst fühlen, was immer in dir aufsteigt. Es ist dein gutes Recht, verletzt, wütend oder verunsichert zu sein." Diese einfachen, einfühlsamen Worte waren wie ein Schlüssel, der eine verriegelte Tür in mir öffnete. Zum ersten Mal seit Langem empfand ich meine Gefühle als berechtigt. Valentina half mir, sie anzuerkennen, anstatt – wie früher in der Sekte – sie zu unterdrücken oder abzuwerten.

Ähnliche Gespräche führte ich mit meiner Familie. Wir trafen uns im Garten meiner Eltern, einem Ort, der früher Geborgenheit bot, nun aber mit Spannungen beladen war, verursacht durch meine langen Abwesenheiten und den fehlenden Austausch. Die anfängliche Anspannung löste sich allmählich durch die warmen Sonnenstrahlen und den Duft von frisch gemähtem Gras. Meine Mutter sprach mit zitternder Stimme über die Angst und Hilflosigkeit, die sie während meiner Zeit in der Sekte empfand. Mein Vater legte mir die

Hand auf die Schulter, als ich mich dafür entschuldigte, ihn und die Familie so lange im Unklaren gelassen zu haben. „Wichtig ist, dass du jetzt hier bist", sagte er mit einer Stimme voller Erleichterung. In dem schmerzhaften, aber befreienden Prozess, unsere unausgesprochenen Sorgen, Schuldzuweisungen und Missverständnisse auszusprechen, konnten wir gemeinsam alte Wunden heilen. Wir erkannten, dass nicht nur ich gelitten hatte – jedes Familienmitglied hatte seinen eigenen Schmerz durchlebt.

Auch die Wiederaufnahme des Kontakts zu alten Freunden war ein wichtiger Schritt. Zunächst zögerte ich, die längst verstummten Telefonnummern in meinem Handy anzurufen. Würden sie mich noch verstehen, nachdem ich mich so verändert hatte? Doch als ich es schließlich wagte, begegneten mir viele mit Überraschung – aber auch mit Verständnis. „Wir hatten keine Ahnung, was mit dir los war", sagte eine frühere Freundin. „Aber jetzt ergibt alles einen Sinn."

Diese Gespräche waren oft von tiefen Emotionen auf beiden Seiten geprägt. Ich entschuldigte mich für mein Verhalten in der Vergangenheit, erklärte den inneren Druck und die Manipulationen, denen ich ausgesetzt gewesen war. Die meisten nahmen meine Entschuldigungen an, und gemeinsam tasteten wir uns behutsam zu einer neuen, ehrlicheren Basis unserer Freundschaft vor. Gemeinsame Aktivitäten, wie Kinobesuche oder lange Gespräche bei einem Glas Wein, halfen, die entstandenen Lücken zu schließen.

Unterkapitel in Kürze

DURCH RESPEKTVOLLE, OFFENE GESPRÄCHE MIT VALENTINA, MEINER FAMILIE UND MEINEN ALTEN FREUNDEN LERNTE ICH, MEINE UNTERDRÜCKTEN GEFÜHLE ANZUERKENNEN, MISSVERSTÄNDNISSE ZU KLÄREN UND EMOTIONALEN RÜCKHALT ZU FINDEN. DIESE OFFENHEIT IM AUSTAUSCH ERWIES SICH ALS EIN WIRKSAMES MITTEL, UM TIEF VERWURZELTE INNERE WUNDEN ZU HEILEN UND ECHTE NÄHE WIEDERHERZUSTELLEN.

8.2 RÜCKKEHR ZU NORMALEN LEBENSAKTIVITÄTEN

Nachdem ich erste innere Barrieren durchbrochen hatte, sehnte ich mich nach einem Leben, in dem ich selbstbestimmt entscheiden konnte, wie ich lebte und was ich tat. Dazu gehörte auch die Ernährung, die in der Sekte von strengen veganen und dogmatischen Regeln geprägt war. Sechs Jahre lang hatte ich auf vieles verzichtet, ohne je zu hinterfragen, ob diese Lebensweise meinem eigenen Wohl entsprach. Nun stand ich vor einer Entscheidung: Wie wollte ich künftig essen und leben?

Mein Entschluss war ein bewusster Neubeginn – auch am Esstisch. Die Rückkehr zu kulinarischen Freiheiten war für mich ein Symbol der neu gewonnenen Selbstbestimmung. Gemeinsam mit Valentina besuchte ich ein Steakrestaurant – ein Schritt, der vor Kurzem noch unvorstellbar gewesen wäre. Der erste Bissen war mehr als der Geschmack von Fleisch: Er war der Geschmack von Freiheit. Diese Entscheidung bedeutete weit mehr als eine Ernährungsumstellung; sie markierte das Ende eines starren Diktats und den Beginn eigener Wahlmöglichkeiten. Gleichzeitig eröffnete sich mir eine Welt voller neuer Genussmomente: internationale Küchen, bunte Märkte und gemeinsame Kochabende mit Freunden. Mein Leben wurde wieder vielfältig, reich an Optionen, und mit der Vielfalt kehrten Lebensfreude und Energie zurück.

Eine ähnlich befreiende Wirkung hatte die Rückkehr zu regelmäßigen Auszeiten und Reisen. In der Sekte war jeder Tag so strukturiert, als gäbe es keine Welt „draußen". Nun aber atmete ich die Freiheit ein, die sich mit neuen Möglichkeiten füllte. Zusammen mit Valentina unternahm ich Wochenendreisen ans Meer, wanderte durch Berglandschaften, spürte den Wind auf der Haut und fand in der Natur etwas wieder, das mir lange gefehlt hatte: das Gefühl, Teil einer lebendigen, vielfältigen Welt zu sein. Besonders eindrucksvoll war ein Reiturlaub, bei dem wir auf sanftmütigen Pferden durch eine weite Landschaft ritten. Die Weite, das gleichmäßige Schlagen der Hufe, der Duft von Gras und Wäldern – all das half mir, mich neu in der Welt zu verorten.

Auch meine sozialen Verbindungen begannen, sich wieder neu zu knüpfen. Gemeinsame Aktivitäten – Kinoabende, Konzerte (einschließlich eines unvergesslichen Filmmusikkonzerts, für das ich Valentina VIP-Karten schenkte), spontane Grillrunden, sportliche Ausflüge oder lange Gespräche bei gutem Essen – wurden zu Mosaiksteinen meines neuen Lebens. Die alltäglichen Momente, die im Sektenleben als bedeutungslos und profan galten, entpuppten sich als wahre Schätze. Sie vermittelten mir Stabilität, Freude und neues Selbstvertrauen.

Unterkapitel in Kürze

INDEM ICH DIE KONTROLLE ÜBER MEINE ERNÄHRUNG
ZURÜCKGEWANN, REISEN UND FREIZEITAKTIVITÄTEN NEU ENTDECKTE
UND GEMEINSAME ERLEBNISSE MIT VALENTINA, FAMILIE UND
FREUNDEN ZULIESS, KEHRTE ICH ZU EINEM LEBEN ZURÜCK, DAS
NICHT VON EINSCHRÄNKUNGEN, SONDERN VON VIELFALT, FREIHEIT
UND LEBENSFREUDE GEPRÄGT WAR.

8.3 BERUFLICHE STABILITÄT UND PERSÖNLICHE PROJEKTE

Eine weitere Säule meines Heilungsprozesses war die bewusste Entscheidung, meine berufliche Kontinuität zu wahren. Obwohl vieles in meinem Leben neu sortiert wurde, blieb ich in meinem vertrauten Berufsfeld als Rettungssanitäter. Die Routine, die Kollegialität und die sinnstiftende Natur dieser Arbeit gaben mir Halt. Ich wusste, dass ich hier gebraucht wurde und dass ich durch meinen Einsatz anderen helfen konnte.

Eines Nachmittags, als ich mit meinem Kollegen Thomas in der Wache ins Gespräch kam, deutete er sachte an, dass er bemerkte, wie verändert ich war. „Wenn du reden möchtest, ich bin da", sagte er, ohne zu drängen. Diese Geste gab mir das Gefühl, nicht alles erklären zu müssen. Meine Kollegen standen bereit, mir Raum zu geben, ohne mich zu bedrängen. Dieses stille Verständnis war ein wertvoller Anker in einer Zeit, in der ich mich innerlich noch oft schwankend fühlte.

Gleichzeitig begann ich, neue, kreative Ausdrucksformen zu erkunden. Meine Wohnung neu einzurichten wurde zu einem persönlichen Ritual. Jeder ausgewählte Gegenstand, jedes Bild an der Wand, jedes Möbelstück war ein Symbol für meine Selbstbestimmtheit. Ich griff auch alte Hobbys wieder auf: das Fotografieren, das Schreiben, das Eintauchen in fremde Geschichten und Kulturen. Dabei entdeckte ich, dass das Niederschreiben meiner eigenen Erfahrungen eine besonders heilende Wirkung hatte. Zunächst hielt ich nur meine Gedanken in einem Notizbuch fest, um sie klarer zu sehen. Doch bald entstand die Idee eines Buchprojekts, das anderen Betroffenen helfen sollte, ihre eigenen Erfahrungen zu verstehen und Mut für den Neuanfang zu schöpfen.

Auch die Beziehung zu Valentina entwickelte sich in eine tiefe, vertrauensvolle Richtung. Das, was wir erlebt hatten, hatte uns zusammengeschweißt und gezeigt, dass wir auch in schwierigen Zeiten füreinander da sein konnten. Eines Abends, unter dem klaren Sternenhimmel in den Bergen, fasste ich den Mut, ihr einen Heiratsantrag zu machen. Meine Stimme zitterte vor Aufregung, als ich sie fragte, ob sie den Rest unseres Lebens an meiner Seite verbringen wolle. In ihrem strahlenden „Ja" lag eine Sicherheit, die mir verdeutlichte, dass die Vergangenheit uns zwar gezeichnet, aber nicht definiert hatte. Vielmehr hatte sie uns gelehrt, was wirklich zählt: Liebe, Verständnis, Freiheit und die Offenheit, die eigene Geschichte zu erzählen.

Das Schreiben des Buches, der Austausch mit anderen Aussteigern und gelegentliche Gespräche mit professionellen Beratern halfen mir, die letzten Schatten der Sektenzeit zu verstehen und aufzulösen. Ich begriff, dass Heilung ein aktiver Prozess ist, der Mut und Geduld erfordert. Jeder kleine Schritt – sei es ein offenes Gespräch, ein neuer Gegenstand in meiner Wohnung oder ein ehrlich formulierter Satz in meinem Manuskript – half mir, mich von alten Mustern zu lösen. So entstand allmählich ein stabiles Fundament, auf dem ich meine Zukunft mit Zuversicht gestalten konnte.

Unterkapitel in Kürze

BERUFLICHE BESTÄNDIGKEIT, PERSÖNLICHES WACHSTUM
DURCH KREATIVE PROJEKTE, DAS AKTIVE REFLEKTIEREN MEINER
VERGANGENHEIT UND DIE ENTSCHEIDUNG, EIN GEMEINSAMES LEBEN
MIT VALENTINA ZU FÜHREN, BILDETEN EIN SOLIDES FUNDAMENT
FÜR MEINEN NEUANFANG. ICH LERNTE, MEINE GESCHICHTE ALS
TEIL MEINER IDENTITÄT ZU AKZEPTIEREN, OHNE MICH VON IHR
BEHERRSCHEN ZU LASSEN. STATTDESSEN BEGANN ICH, SIE ALS
RESSOURCE ZU NUTZEN, UM NEUE ZIELE, IDEEN UND SINN ZU FINDEN.

Kapitel in Kürze

DIE HEILUNG NACH DEM AUSSTIEG WAR EIN KOMPLEXER, ABER BEFREIENDER PROZESS. OFFEN GEFÜHRTE GESPRÄCHE MIT VALENTINA, MEINER FAMILIE UND MEINEN ALTEN FREUNDEN HALFEN MIR, LANGJÄHRIGE VERLETZUNGEN AUFZUARBEITEN UND MEINE GEFÜHLE NEU EINZUORDNEN. DIE RÜCKKEHR ZU SELBSTBESTIMMTEN ENTSCHEIDUNGEN IN ERNÄHRUNG, FREIZEIT UND SOZIALEM LEBEN SCHENKTE MIR EIN GEFÜHL VON LEBENDIGKEIT UND AUTONOMIE. BERUFLICHE STABILITÄT UND NEUE KREATIVE PROJEKTE GABEN MEINEM ALLTAG STRUKTUR UND SINN, WÄHREND DAS SCHREIBEN MIR HALF, VERGANGENES ZU VERSTEHEN UND ZUKUNFTSPERSPEKTIVEN ZU ENTWICKELN.

WAS ANGEHÖRIGE TUN KÖNNEN

Für Angehörige von Sektenmitgliedern und andere Betroffene liegt die Botschaft darin, sich nicht vor offenen Gesprächen zu scheuen, neue oder alte Kontakte wieder aufleben zu lassen und sich die Freiheit zu erlauben, Alltagsfreuden zu genießen. Berufliche Konstanz oder auch neue, sinnstiftende Aufgaben können Halt bieten, während das Aufschreiben der eigenen Geschichte oder der Austausch mit anderen Aussteigern Perspektiven eröffnet. Schritt für Schritt entsteht so ein selbstbestimmtes, sinnerfülltes Leben jenseits manipulativer Strukturen – ein Leben, in dem Heilung nicht nur möglich, sondern auch spürbar ist.

Kapitel Neun

BOTSCHAFT UND LEHREN

9.1 ERKENNTNISSE FÜR ANGEHÖRIGE: GEDULD, OFFENHEIT UND VERSTÄNDNIS

Familie und Freundschaften als Anker:

Auch wenn Sekten versuchen, familiäre und freundschaftliche Strukturen zu untergraben, bleibt die tiefe emotionale Verbundenheit in der Regel bestehen. Eltern, Geschwister, langjährige Freund*innen – sie alle repräsentieren einen Teil der Vergangenheit, der sich nicht einfach auslöschen lässt. Diese Beziehungen sind wie ein lebendes Archiv gemeinsamer Erinnerungen, das Wärme, Zugehörigkeit und Identität vermittelt.

Während meiner eigenen Zeit in der Sekte hatte ich oft das Gefühl, dass mir diese neue „Gemeinschaft" jede familiäre Nähe ersetzen sollte. Die Sektenführerin wiederholte, meine wahre Familie sei nun die Gruppe. Doch trotz all dieser Versuche blieb die Sehnsucht nach meiner Familie ungebrochen. Ein Weihnachtsfest, zu dem sie mich einluden, berührte mich mehr, als ich es mir eingestehen wollte. Der Duft von Tannenzweigen, die vertrauten Lieder, die Art, wie meine Eltern mich ansahen – all das erinnerte mich daran, wer ich jenseits der Sekte war.

Geduld und wertschätzende Kommunikation

Viele Angehörige verzweifeln daran, wie lange es dauert, bis ein Sektenmitglied ins Zweifeln gerät. Doch Indoktrination ist ein langsamer Prozess, der nicht von heute auf morgen zerfällt. Vorwürfe oder Zwang bringen selten etwas – im Gegenteil, sie verstärken oft die Abwehrhaltung. Stattdessen sind Einfühlungsvermögen, offene Gespräche ohne Vorverurteilung und das verständnisvolle Teilen eigener Sorgen hilfreich. Meine Mutter sagte damals leise: „Wir machen uns Sorgen um dich." Keine Vorwürfe, kein lauter Protest, sondern ehrliche Besorgnis. Diese Form der Kommunikation öffnete in mir eine Tür, auch wenn ich sie anfangs nur einen Spalt weit öffnete.

Emotionale Belastung auf beiden Seiten

Angehörige und Sektenmitglieder tragen eine gemeinsame emotionale Last, auch wenn sie diese ganz unterschiedlich erleben. Das Mitglied fühlt möglicherweise Angst, Schuld, Scham oder Verwirrung, während die Familie mit Hilflosigkeit, Wut und Trauer kämpft. Beide Seiten verbringen schlaflose Nächte. Offene Gespräche können helfen, diese Gefühle zu kanalisieren und für alle verständlicher zu machen. Gemeinsame Aktivitäten wie Spaziergänge, kurze sportliche Unternehmungen oder einfach nur ein ruhiges Gespräch bei Tee können dazu beitragen, Barrieren langsam abzubauen. Manchmal fanden mein Vater und ich zueinander, indem wir Tennis spielten. Die körperliche Bewegung lockerte die Anspannung, und in den Pausen sprachen wir vorsichtig über unsere Gefühle. Solche Momente gaben mir das Gefühl, nicht allein zu sein.

Unterkapitel in Kürze

FAMILIE UND ENGE FREUNDSCHAFTEN BILDEN EINE BESTÄNDIGE GRUNDLAGE, AUCH WENN DIE SEKTE VERSUCHT, SIE ZU SCHWÄCHEN. GEDULD, EINFÜHLSAME KOMMUNIKATION UND DAS GEMEINSAME TEILEN VON BELASTUNGEN SCHAFFEN VERTRAUEN. JEDE RESPEKTVOLLE ANNÄHERUNG, JEDE ERINNERUNG AN FRÜHER, JEDER FUNKELNDE MOMENT VON VERSTÄNDNIS LEGT EINEN GRUNDSTEIN FÜR SPÄTERE ZWEIFEL UND LETZTLICH FÜR DEN AUSSTIEG.

9.2 PRÄVENTIVE MASSNAHMEN UND GRENZEN SETZEN: WARNSIGNALE FRÜH ERKENNEN

Warnsignale bemerken

Ein oft subtiler, aber stetiger Wandel von außen kann ein Hinweis darauf sein, dass sich ein geliebter Mensch in den Bann einer Sekte begibt. Plötzliche Verhaltensänderungen, rigide Überzeugungen, die Abkehr von früheren Interessen, ständige Geheimniskrämerei oder finanzielle Engpässe ohne klaren Grund – all dies sind ernstzunehmende Zeichen. Auch ich begann, mich zurückzuziehen, meine gewohnten Hobbys aufzugeben und nur noch über die „neuen Wahrheiten" zu sprechen. Meine Familie bemerkte, dass ich Fragen auswich, Treffen absagte und nervös wurde, wenn bestimmte Themen zur Sprache kamen.

Externe Perspektiven und Wissen nutzen

Bevor man voreilig reagiert, ist es ratsam, sich zunächst ein eigenes Bild von den Methoden und Dynamiken der Sekte zu machen. Fachliteratur, Beratungsstellen und Online-Informationsquellen bieten sachliche Einblicke, die helfen können, behutsam kritische Fragen zu stellen, anstatt unüberlegt Druck auszuüben. Ich weiß heute, dass meine Schwester diesen Weg gegangen ist. Sie las Bücher von Aussteigern und nahm Kontakt zu einer Beratungsstelle auf. So war sie besser darauf vorbereitet, Verständnis zu zeigen, anstatt mich zu konfrontieren.

Klare Grenzen und Schutzmaßnahmen

Auch wenn Empathie und Verständnis wichtig sind, bedeutet das nicht, alles widerstandslos hinzunehmen. Wer finanziell unterstützt, sollte sorgfältig abwägen, ob dadurch die Sekte indirekt gestärkt wird. Es ist wichtig, Neutralität zu bewahren und zugleich klare Werte und Grenzen zu setzen. Eine Aussage wie: „Ich unterstütze dich, aber nicht eure Gruppe finanziell" vermittelt Stärke, ohne zu verurteilen. Als meine Eltern mir unmissverständlich klarmachten, dass sie die teuren „Seminare" der Sekte nicht finanzieren würden, spürte ich ihre Entschlossenheit. Sie setzten eine feste Grenze, ohne mich als Person abzulehnen.

Aufklärung als Prävention

Je mehr Angehörige über die Mechanismen von Sekten informiert sind, desto eher können sie frühzeitig eingreifen. Hilfreiche Ressourcen wie Podcasts, Videos ehemaliger Mitglieder, sachliche Artikel und professionelle Beratungsangebote ermöglichen es, manipulative Strukturen besser zu erkennen. Dieses Wissen schafft eine Grundlage, die es erleichtert, besonnen zu handeln und impulsive Reaktionen zu vermeiden. Es bildet ein stabiles Fundament, auf dem Angehörige den geliebten Menschen besser erreichen können.

Unterkapitel in Kürze

FRÜHE WARNSIGNALE ERKENNEN, SICH INFORMIEREN UND KLARE GRENZEN SETZEN – DIESE SCHRITTE SCHAFFEN EIN STABILES FUNDAMENT, UM SCHLEICHENDE MANIPULATION ZU DURCHBRECHEN. AUFKLÄRUNG UND UMSICHTIGES HANDELN SCHÜTZEN DABEI BEIDE SEITEN.

9.3 LANGFRISTIGE STRATEGIEN: LANGMUT, SELBSTFÜRSORGE UND NEUE CHANCEN

Langfristige Perspektive wahren

Der Ausstieg aus einer Sekte ist selten ein spontaner Entschluss – Zweifel schleichen sich meist allmählich ein. Angehörige sollten sich bewusst machen, dass Druck oder erzwungene Konfrontationen diesen Prozess eher verzögern können. Stattdessen sind es die kleinen Gesten und Momente des Wiedererkennens, die zählen. Meine Eltern begriffen schließlich, dass sie mich nicht überzeugen konnten. Statt mich zu drängen, schufen sie Raum, luden mich weiterhin zu Familienfeiern ein und zeigten echtes Interesse an meinem Leben außerhalb der Lehren der Sekte. Jahre später erkannte ich, wie kostbar ihre Geduld und Beharrlichkeit für mich waren.

Eigene emotionale Gesundheit schützen

Auch für Angehörige kann die Situation zur Zerreißprobe werden – Schuldgefühle, Selbstvorwürfe und Erschöpfung sind dabei ganz normal. Um jedoch nicht selbst in eine emotionale Abwärtsspirale zu geraten, ist es wichtig, auf die eigene psychische Gesundheit zu achten: Hobbys pflegen, Pausen einlegen, Beratung in Anspruch nehmen und offen über die eigenen Gefühle sprechen. Wer innerlich stabil bleibt, kann langfristig ein verlässlicher Anker sein. Meine Familie wandte sich damals an eine Beratungsstelle, um Unterstützung zu erhalten. Diese Entscheidung ermöglichte es ihnen, ihre Sorgen auszusprechen und sich gegenseitig Mut zu machen, ohne mich als Gegner zu betrachten.

Netzwerk und kulturelle Ressourcen nutzen

Ein starkes Unterstützernetzwerk – innerhalb wie außerhalb der Familie – ist ein wertvoller Schatz. Gemeinsame Feiertage, Familientraditionen und kulturelle Feste bieten wertvolle Gelegenheiten, das Sektenmitglied ein Stück Normalität erleben zu lassen. Auch wenn die Einladungen zunächst ausgeschlagen werden, vermittelt allein die Geste ein Gefühl von Zugehörigkeit. Ich erinnere mich an eine Silvesterfeier, zu der meine Familie mich eingeladen hatte. Die ungezwungene, freudige Atmosphäre, das gemeinsame Lachen und Anstoßen – all das ließ mich spüren, dass es ein Leben jenseits der Anspannung gab.

Kleine Fortschritte feiern

Jeder noch so kleine Schritt in Richtung Offenheit ist ein Grund zur Freude. Wenn ein Sektenmitglied beispielsweise bereit ist, über das Geschehen in der Gruppe zu sprechen oder an einem Familienessen teilzunehmen, sollte dies anerkannt werden. Positive Rückmeldungen, Dankbarkeit und aufrichtiges Interesse wirken wie Leuchttürme. Sie zeigen, dass außerhalb der Sekte ein liebevoller Raum wartet. Als ich zum ersten Mal wieder lachte – wirklich lachte – in Gegenwart meiner Familie, wurde dies nicht als selbstverständlich angesehen. Sie zeigten mir, wie sehr sie sich über diesen Moment freuten, und diese Freude spürte ich tief in mir.

Unterkapitel in Kürze

LANGMUT, SELBSTFÜRSORGE, EIN VERLÄSSLICHES NETZWERK SOWIE
DAS FEIERN KLEINER FORTSCHRITTE BILDEN DEN NÄHRBODEN
FÜR NACHHALTIGEN WANDEL. DER WEG EINES SEKTENMITGLIEDS
ZURÜCK ZUR SELBSTBESTIMMUNG ERFORDERT ZEIT, DOCH
KONSEQUENTE PRÄSENZ, VERSTÄNDNIS UND DIE WERTSCHÄTZUNG
JEDES KLEINEN FORTSCHRITTS EBNEN DEN PFAD ZU EINEM FREIEN,
SELBSTBESTIMMTEN LEBEN.

Kapitel in Kürze

Geduld und Verständnis

SEKTENMITGLIEDER SIND OFT SELBST OPFER STARKER MANIPULA-
TION. VORWÜRFE ODER DRUCK FESTIGEN IHRE ABWEHRHALTUNG,
WÄHREND EINFÜHLSAMER AUSTAUSCH TÜREN ÖFFNET.

Emotionale Unterstützung

OFFEN ÜBER GEFÜHLE SPRECHEN, RAUM FÜR AUSTAUSCH SCHAFFEN,
PROFESSIONELLE HILFE IN ERWÄGUNG ZIEHEN. ALLE SEITEN SIND
EMOTIONAL BELASTET UND VERDIENEN GEHÖR.

Frühe Warnsignale erkennen

AUFFÄLLIGE VERHALTENSÄNDERUNGEN, HEIMLICHE TREFFEN ODER
EXTREME ÜBERZEUGUNGEN SIND ERNSTHAFTE ALARMZEICHEN. WER
AUFMERKSAM IST, KANN FRÜHER EINGREIFEN.

Grenzen setzen und Wissen nutzen

EIGENE WERTE KLAR KOMMUNIZIEREN, SICH INFORMIEREN UND
BERATEN LASSEN, UM NICHT UNBEWUSST DIE SEKTE ZU STÄRKEN.
KLARE GRENZEN ZEIGEN STÄRKE OHNE VERURTEILUNG.

Langfristige Strategien

GEDULD UND AUSDAUER SIND ENTSCHEIDEND. KLEINE ERFOLGE
FEIERN, LANGFRISTIGE PERSPEKTIVEN WAHREN, SICH SELBST UND
DEM SEKTENMITGLIED ZEIT GEBEN. DIE EIGENE INNERE STABILITÄT
BEWAHREN, UM EIN TRAGFÄHIGES FUNDAMENT FÜR DEN RÜCKWEG
ZU BIETEN.

WAS ANGEHÖRIGE TUN KÖNNEN

Dieses Kapitel zeigt, dass Angehörige zwar nicht alles kontrollieren können, aber mit beständiger Zuwendung, Verständnis und innerer Stärke viel bewirken können. Sie bieten einen sicheren Hafen, der die Rückkehr in ein freies, selbstbestimmtes Leben erleichtert. Die Erfahrung zeigt, dass oft die ruhige, liebevolle Präsenz letztendlich mehr bewirkt als jedes noch so forcierte Argument.

Kapitel Zehn

EPILOG

Wenn ich heute zurückblicke, spüre ich vor allem Erleichterung und inneren Frieden. Seit meinem Ausstieg ist die Sekte kein Teil meines Lebens mehr: keine Briefe, keine Botschaften, keine Forderungen, kein erneutes Aufspüren. Ich bin frei. Diese Freiheit fühlt sich an wie ein unberührter, weiter Raum, in dem ich wieder ich selbst sein kann – ohne Manipulation, ohne Druck, ohne die subtilen Fäden, mit denen Gruppen ihre Mitglieder binden, selbst wenn sie nach außen nicht als Sekten erkennbar sind.

Doch diese Freiheit war kein Geschenk. Sie ist das Ergebnis persönlicher Entscheidungen, innerer Kämpfe und der beharrlichen Unterstützung der Menschen, die mir nahe stehen. Meine Frau Valentina war in diesen schweren Jahren stets an meiner Seite. Gemeinsam haben wir diese Krise durchlebt und dabei erkannt, wie tief unsere Verbindung wirklich ist. Unsere spätere Ehe war kein leichtfertiges Versprechen, sondern ein Ausdruck unserer gereiften Stärke, unseres Vertrauens und der Liebe, die uns trotz allem zusammengehalten hat. Heute wissen wir beide, dass Liebe kein schwaches Gefühl ist – sie ist eine Kraft, die Wunden heilt, Klarheit bringt und zu neuen Horizonten führt.

Für Angehörige von Sektenmitgliedern ist meine Erfahrung oft schwer nachzuvollziehen, besonders wenn es um Gruppierungen geht, die keine bekannten Namen tragen, im Verborgenen agieren oder nicht als etablierte Sekten auftreten. Die Gefahr wird häufig erst erkannt, wenn das eigene Kind, der Partner oder die beste Freundin längst in den Strukturen gefangen sind. Dann stellt sich das Gefühl der Ohnmacht ein – man ist verwirrt, unsicher, ob und wie man helfen soll. Gerade in solchen Momenten ist es entscheidend zu verstehen, dass Nächstenliebe nicht bedeutet, alle Grenzen aufzugeben. Im Gegenteil: Wahre Liebe ermutigt, aber entschuldigt nicht jede Tat. Sie bietet eine Hand, ohne um jeden Preis zu retten. Hoffnung und Klarheit müssen Hand in Hand gehen – es ist möglich, Verständnis zu zeigen und trotzdem eine feste Position einzunehmen.

Was mir letztlich half, war nicht nur die Fürsorge meiner Mitmenschen, sondern meine eigene Entscheidung, die Realität anzunehmen und Verantwortung für mein Leben zu übernehmen. Es brauchte meinen Willen zur Selbstreflexion und den Mut, mich ins Unbekannte zu wagen. Für Angehörige bedeutet dies: Ihr könnt nicht jeden Schritt für die Betroffenen gehen, aber eure Liebe kann ein sicherer Anker sein, wenn sie bereit sind, sich vom unsichtbaren Netz der Sekte zu lösen. Diese Liebe garantiert keinen schnellen Ausstieg, ist jedoch ein klares, stetiges Signal: „Ich bin da, wenn du mich brauchst. Ich glaube an dich, auch wenn du es noch nicht kannst."

Diesen Epilog möchte ich nicht nur als Abschluss meiner Geschichte verstehen, sondern als Botschaft an Angehörige und Freunde von Sektenmitgliedern: Gebt die Hoffnung nicht auf, doch klammert euch nicht an Illusionen. Seid euch bewusst, dass Sekten oft unbemerkt in das Leben eurer Lieben eindringen. Sprecht offen über eure Sorgen, informiert euch und sucht Unterstützung in Beratungsstellen oder Selbsthilfegruppen. Erinnert euch daran, dass eure Zuneigung bedingungslos sein darf, ohne Missbrauch zu tolerieren.

Am Ende ist Liebe der Schlüssel. Sie ist leise, nicht aufdringlich, geduldig, und sie lässt Raum für Veränderung. Sie gibt Halt, ohne zu fesseln, und Mut, ohne zu verbiegen. Mit dieser Liebe im Herzen ist es möglich, Abstand zu wahren, wenn es nötig ist, ohne jemanden aufzugeben.

Wenn der Moment kommt, in dem euer geliebter Mensch bereit ist, sich von den Fesseln zu befreien, wird diese Liebe wie ein Leuchtturm wirken – ein Signal in der dunklen Nacht, das den Weg zurück ins Leben weist.

EPILOG

Kapitel Elf

DANKSAGUNG

An diesem Punkt möchte ich innehalten und all jenen Menschen danken, die mich auf meinem Weg begleitet und unterstützt haben – sei es durch offene Ohren, konkrete Hilfe oder einfach durch ihre bloße Existenz in schwierigen Zeiten.

Zunächst gilt mein tief empfundener Dank meiner Frau Valentina. Du warst nicht nur Zeugin einer der herausforderndsten Phasen meines Lebens, sondern auch eine unerschütterliche Säule der Stärke und Zuversicht. Deine Geduld, dein Mitgefühl und deine beständige Bereitschaft, mich so zu akzeptieren, wie ich bin, haben mir gezeigt, dass Liebe selbst auf brüchigem Untergrund den stärksten Halt bietet. Ohne dich wäre dieser Weg ungleich schwerer gewesen.

Meiner Familie danke ich für das Zuhause, das ihr mir immer geboten habt – ein Ort, an dem ich mit offenen Armen empfangen wurde, egal wie verworren mein Lebensweg auch war. Eure Vergebung, eure Wärme und eure bedingungslose Unterstützung haben mir gezeigt, dass familiäre Bande stärker sind als Zweifel, Krisen oder Entfremdung. Ihr habt bewiesen, dass gemeinsame Geschichte, geteilte Erinnerungen und ein ehrlich ausgesprochenes „Wir sind für dich da" tiefe Wunden heilen können.

Auch meinen Freunden und Bekannten gilt mein Dank: den alten, die mir halfen, Brücken in die Vergangenheit neu zu betreten, und den neuen, die mich lehrten, dass es sich lohnt, sich wieder auf Menschen einzulassen. Eure Bereitschaft zuzuhören, eure Fragen, euer nachdenkliches Schweigen und euer unermüdlicher Humor haben mir geholfen, mich als Teil einer lebendigen Gemeinschaft wahrzunehmen. Ihr habt mir ein Stück Normalität zurückgegeben, die mir in jenen Jahren so sehr gefehlt hatte.

Ein besonderer Dank gebührt den Menschen, deren Namen vielleicht nicht in diesem Buch erscheinen: Beraterinnen und Beratern, Therapeutinnen und Therapeuten, Anwältinnen und Anwälten, sowie Vertreterinnen und Vertretern von Hilfsorganisationen, Aussteiger-Netzwerken und Selbsthilfegruppen. Eure Expertise, eure Menschlichkeit und eure tatkräftige Unterstützung haben mir nicht nur geholfen, den Weg aus der Sekte sicherer zu gehen, sondern auch zu verstehen, was mir widerfahren ist. Ohne eure klaren Stimmen und fachkundigen Ratschläge hätte ich mich in den dunkelsten Abschnitten meines Weges leicht verirren können.

Nicht zuletzt möchte ich den Leserinnen und Lesern danken, die bereit sind, sich auf meine Geschichte einzulassen. Eure Offenheit, euer Engagement, sich mit diesem schwierigen Thema auseinanderzusetzen, und euer Wunsch, besser zu verstehen, sind von unschätzbarem Wert. Wenn auch nur ein einziger Mensch durch diese Lektüre Hoffnung schöpft, sich besser abgrenzen kann oder neuen Mut fasst, dann hat dieses Buch seinen Zweck erfüllt.

Allen, die in irgendeiner Weise zu meiner Befreiung und Heilung beigetragen haben – direkt oder indirekt, sichtbar oder unsichtbar, laut oder leise – spreche ich meinen aufrichtigen Dank aus. Euer Mitgefühl, eure Geduld, eure Liebe und eure Menschlichkeit sind das Fundament, auf dem meine heutige Freiheit, Stabilität und Lebensfreude ruhen. Dafür bin ich zutiefst dankbar.

DANKSAGUNG

Kapitel Zwölf

ANHANG

12.1 CHECKLISTE FÜR ANGEHÖRIGE, UM MÖGLICHE ANZEICHEN EINER SEKTENMITGLIEDSCHAFT ZU ERKENNEN

Diese Checkliste bietet Anhaltspunkte, die helfen können, mögliche Anzeichen einer Sektenzugehörigkeit frühzeitig zu erkennen und sensibel darauf zu reagieren.

1. VERHALTEN UND PERSÖNLICHKEITSVERÄNDERUNGEN

- Zieht sich Ihr Angehöriger emotional zurück? Wirkt er distanziert oder verschlossener als früher?
- Zeigt er auffällige Stimmungsschwankungen, übermäßige Angst oder Nervosität?
- Verliert er plötzlich Interesse an Hobbys, Freundschaften oder beruflichen Ambitionen?

2. VERÄNDERUNGEN IM SOZIALEN UMFELD

- Reduziert Ihr Angehöriger deutlich den Kontakt zu langjährigen Freunden und Familie?
- Berichtet er von neuen "Freunden" oder Gruppen, die ihm besonders wichtig geworden sind?
- Werden Familienmitglieder oder alte Freunde plötzlich als negativ oder „schädlich" dargestellt?

3. KOMMUNIKATION

- Weicht Ihr Angehöriger aus, wenn es um die neuen sozialen Kontakte oder Überzeugungen geht?
- Ändert sich die Art seiner Sprache? Verwendet er vermehrt neue Begriffe, die Ihnen fremd sind, oder wiederholt Phrasen aus der Gruppe?
- Weigert er sich, Informationen über seine Aktivitäten zu teilen, oder wird er bei Nachfragen gereizt?

4. ZEITLICHE UND FINANZIELLE VERPFLICHTUNGEN

- Verbringt er ungewöhnlich viel Zeit mit neuen Aktivitäten, Treffen oder Seminaren?
- Werden finanzielle Mittel in die neue Gruppe investiert oder materieller Besitz verkauft?
- Gibt es hohe finanzielle Forderungen oder Druck, mehr Zeit für die Gruppe aufzuwenden?

5. IDEOLOGISCHE VERÄNDERUNGEN

- Hat Ihr Angehöriger plötzlich neue Überzeugungen oder Glaubensvorstellungen, die radikal anders sind als zuvor?
- Zeigt er eine starke Schwarz-Weiß-Denke (z. B. die Außenwelt ist schlecht, die Gruppe ist der einzige Weg)?
- Fühlt er sich auserwählt oder spricht er von exklusivem Wissen, das nur in der Gruppe verfügbar ist?

6. ABHÄNGIGKEITEN UND KONTROLLE

- Macht er seine Entscheidungen zunehmend von den Meinungen oder Vorgaben der Gruppe abhängig?
- Werden Lebensentscheidungen wie Jobwechsel, Umzüge oder Beziehungsfragen stark durch die Gruppe beeinflusst?
- Berichtet er von strikten Regeln, die er einhalten muss, und empfindet er Angst vor möglichen Konsequenzen bei Regelbrüchen?

7. WARNSIGNALE DURCH DIE GRUPPE SELBST

- Gibt es eine charismatische Führungsfigur, die übermäßige Verehrung genießt?
- Werden andere Meinungen unterdrückt oder kritische Fragen als Gefahr dargestellt?
- Besteht ein starkes Misstrauen gegenüber Außenstehenden oder etablierten Institutionen?

8. PERSÖNLICHE WAHRNEHMUNG

- Fühlen Sie sich als Angehöriger ausgeschlossen, verunsichert oder emotional manipuliert?
- Haben Sie den Eindruck, dass Ihr Angehöriger in Angst oder Schuldgefühlen gefangen ist?

WAS KÖNNEN SIE TUN?

- Geduldig bleiben: Reagieren Sie nicht mit Vorwürfen, sondern hören Sie einfühlsam zu.
- Sanft nachfragen: Zeigen Sie Interesse an seinen Erfahrungen, ohne die Gruppe direkt zu kritisieren.
- Unterstützende Angebote machen: Schaffen Sie einen sicheren Raum, in dem Ihr Angehöriger ohne Druck sprechen kann.
- Professionelle Hilfe suchen: Kontaktieren Sie Experten für Sektenausstieg, falls die Situation eskaliert.

12.2 SCHRITT-FÜR-SCHRITT-PLAN: SICHERER AUSSTIEG AUS EINER SEKTE UND NEUBEGINN

Diese Checkliste bietet Ihnen eine strukturierte Anleitung, um den Ausstieg aus einer Sekte erfolgreich zu planen und umzusetzen. Sie berücksichtigt sowohl praktische Aspekte wie Sicherheitsmaßnahmen, Wohnungswechsel und finanzielle Unabhängigkeit, als auch emotionale und soziale Herausforderungen, die mit einem solchen Schritt verbunden sind.

1. VORBEREITUNG AUF DEN AUSSTIEG

- Informationen sammeln: Verstehen Sie die Dynamiken und Taktiken der Sekte, um Ihre Situation einzuschätzen.
- Kontakt zu vertrauenswürdigen Personen aufbauen: Vertraute Freunde oder Familie ins Vertrauen ziehen, die außerhalb des Einflussbereichs der Sekte stehen.
- Anwaltliche Beratung einholen: Lassen Sie sich über rechtliche Aspekte beraten, z. B. Eigentumsansprüche, finanzielle Forderungen oder Schutzmaßnahmen.
- Planen Sie die Logistik des Ausstiegs, einschließlich sicherer Unterbringung und alternativer Kommunikationswege.

2. SICHERHEITSMASSNAHMEN ERGREIFEN

- Handynummer wechseln: Richten Sie eine neue Telefonnummer ein und teilen Sie diese nur vertrauenswürdigen Personen mit.
- Adresse ändern: Melden Sie einen Wohnsitzwechsel an und verschleiern Sie Ihre neue Adresse, z. B. durch Auskunftssperren.
- Persönliche Daten schützen: Ändern Sie Passwörter für E-Mails, soziale Medien und Bankkonten. Richten Sie eine Zwei-Faktor-Authentifizierung ein.
- Sicherheitskontakt festlegen: Bestimmen Sie eine Person, die regelmäßig prüft, ob Sie in Sicherheit sind.

3. ORGANISATORISCHE SCHRITTE

- Sichere Unterkunft organisieren: Finden Sie einen Ort, der außerhalb der Reichweite der Sekte liegt, z. B. bei Freunden, Familie oder in einer Notunterkunft.
- Finanzielle Unabhängigkeit sichern: Eröffnen Sie ein eigenes Bankkonto und sichern Sie finanzielle Mittel, um Ihre Grundbedürfnisse zu decken.
- Wichtige Dokumente sammeln: Sammeln Sie Pass, Ausweise, Geburtsurkunden, Versicherungsunterlagen und andere essenzielle Papiere.
- Trennen Sie sich von Sektenressourcen: Kündigen Sie Abonnements, Mitgliedschaften oder Verpflichtungen, die mit der Sekte in Verbindung stehen.

4. EMOTIONALE UND PSYCHOLOGISCHE STABILISIERUNG

- Professionelle Hilfe suchen: Vereinbaren Sie Termine mit einem Therapeuten, der Erfahrung mit Sektenausstiegen hat.
- Selbsthilfegruppen besuchen: Tauschen Sie sich mit anderen Ausstiegswilligen oder ehemaligen Mitgliedern aus.
- Selbstfürsorge betreiben: Integrieren Sie Aktivitäten wie Sport, Meditation oder andere Hobbys, die Ihnen Freude bereiten.
- Vergangene Erlebnisse reflektieren: Beginnen Sie ein Tagebuch, um Ihre Gedanken und Gefühle zu verarbeiten.

5. SOZIALE UNTERSTÜTZUNG UND ISOLATION ÜBERWINDEN

- Netzwerk aufbauen: Finden Sie neue soziale Kontakte, die nichts mit der Sekte zu tun haben, z. B. durch Vereine, Kurse oder Ehrenamt.
- Bestehende Beziehungen stärken: Erklären Sie Ihrer Familie oder Ihren Freunden Ihre Situation, falls möglich, und bitten Sie um Unterstützung.
- Kommunikation zu Sektenmitgliedern minimieren: Brechen Sie den Kontakt ab oder reduzieren Sie ihn auf ein Minimum.
- Offene Gespräche führen: Teilen Sie Ihre neuen Grenzen mit und bitten Sie um Verständnis, falls Rückfälle auftreten.

6. RECHTLICHE SCHRITTE UND LANGFRISTIGE SICHERHEIT

- Schutzmaßnahmen einrichten: Prüfen Sie rechtliche Schutzmöglichkeiten, z. B. einstweilige Verfügungen oder Kontaktsperren.
- Anwaltliche Unterstützung bei Forderungen: Lassen Sie sich bei finanziellen, rechtlichen oder vertraglichen Ansprüchen der Sekte beraten.
- Zeugenaussagen sichern: Falls die Sekte kriminell agiert hat, überlegen Sie, Beweise zu sammeln und Anzeige zu erstatten.
- Neue Identität in Betracht ziehen: In extremen Fällen können Sie durch staatliche Unterstützung eine sichere Anonymität wahren.

7. NEUANFANG PLANEN

- Klare Ziele setzen: Überlegen Sie, welche persönlichen und beruflichen Ziele Sie verfolgen möchten.
- Fähigkeiten weiterentwickeln: Bilden Sie sich weiter oder finden Sie neue Hobbys, die Sie fördern.
- Eigenständigkeit stärken: Arbeiten Sie daran, unabhängiger von externen Einflüssen zu werden, emotional wie finanziell.
- Unterstützung langfristig sichern: Bleiben Sie in Kontakt mit Hilfsorganisationen oder Gruppen, die Ihnen Stabilität geben.

12.3 CHECKLISTE: RÜCKKEHR IN EIN SELBSTBESTIMMTES LEBEN

Hier ist eine Checkliste, die ehemaligen Sektenmitgliedern helfen kann, zurück in ein selbstbestimmtes Leben zu finden. Sie umfasst praktische Schritte, die emotional, sozial und beruflich unterstützend wirken:

1. EMOTIONALE VERARBEITUNG

- Psychologische Unterstützung suchen: Vereinbare einen Termin bei einem spezialisierten Therapeuten oder Berater für Sektenausstiege.
- Selbstreflexion fördern: Führe ein Tagebuch, um Gedanken und Gefühle zu verarbeiten.
- Trauma-Bewältigung: Suche gezielt nach Therapieansätzen wie EMDR, wenn traumatische Erfahrungen vorliegen.
- Geduld mit sich selbst haben: Akzeptiere, dass Heilung ein Prozess ist und Rückschläge dazugehören.

2. AUFBAU VON SELBSTVERTRAUEN

- Eigene Stärken identifizieren: Erstelle eine Liste deiner Fähigkeiten und Erfolge, auch kleine Schritte zählen.
- Kleine Ziele setzen: Beginne mit realistischen Aufgaben, z. B. regelmäßige Spaziergänge oder das Erlernen einer neuen Fähigkeit.
- Positive Routinen entwickeln: Integriere tägliche Rituale wie Morgenmeditation oder Journaling.

3. SOZIALE KONTAKTE UND UNTERSTÜTZUNG

- Alte Beziehungen wiederbeleben: Nimm Kontakt zu vertrauenswürdigen Freunden und Familie auf.
- Neue Netzwerke schaffen: Besuche lokale Gemeinschaftsveranstaltungen, Kurse oder Hobbygruppen.
- Unterstützungsgruppen finden: Trete Selbsthilfegruppen oder Netzwerken für ehemalige Sektenmitglieder bei.
- Gesunde Grenzen setzen: Lerne, „Nein" zu sagen und nur Beziehungen zu pflegen, die dich stärken.

4. NEUORIENTIERUNG IM ALLTAG

- Finanzielle Stabilität schaffen: Überprüfe deine finanzielle Situation und entwickle einen Plan für Eigenständigkeit.
- Alltagsstruktur etablieren: Plane den Tag mit festen Zeiten für Arbeit, Freizeit und Erholung.
- Unabhängigkeit stärken: Übernimm schrittweise Verantwortung für Entscheidungen, vom Einkaufen bis zu größeren Projekten.

5. BERUFLICHE NEUORIENTIERUNG

- Eigene Interessen prüfen: Überlege, was dich wirklich interessiert und erfüllend sein könnte.
- Weiterbildungsmöglichkeiten nutzen: Melde dich für Kurse oder Schulungen an, um neue Fähigkeiten zu entwickeln.
- Berufsberatung in Anspruch nehmen: Suche professionelle Unterstützung, um eine geeignete Karriere zu finden.

6. LANGFRISTIGE PERSPEKTIVEN

- Langfristige Ziele definieren: Stelle dir vor, wo du in 5 oder 10 Jahren sein möchtest.
- Erfolge feiern: Anerkenne Fortschritte, egal wie klein sie erscheinen mögen.
- Rückfälle akzeptieren: Sei dir bewusst, dass es normal ist, ab und zu Rückschläge zu erleben – wichtig ist, wieder aufzustehen.

7. SELBSTSCHUTZ

- Grenzen zu früheren Sektenmitgliedern ziehen: Meide den Kontakt zu toxischen Personen oder Gruppierungen.
- Auf Manipulation achten: Lerne, wie du manipulative Muster erkennst und vermeidest.
- Notfallplan entwickeln: Erstelle einen Plan für schwierige Situationen, z. B. Unterstützung von Vertrauenspersonen.

„Liebe triumphiert über alles,

und wir wollen uns

der Liebe hingeben."

VERGIL